Entdecken Erleben Handeln

Lehrbuch
für den Heimatkunde-
und Sachunterricht 3

Ausgabe Süd

Volk und Wissen Verlag GmbH

Herausgegeben von Inge Koch

Erarbeitet von Maryna Becker, Arthur Bierbaß, Heribert Dorber, Werner Drochner,
Dorothea Heinrich, Inge Koch, Rolf Leimbach, Hannelore Ludwig, Marita Motl, Rainer Möller

Illustriert von Katharina Knebel

Dieses Werk ist in allen seinen Teilen urheberrechtlich geschützt.
Jegliche Verwendung außerhalb der engen Grenzen des Urheberrechts
bedarf der schriftlichen Zustimmung des Verlages.
Dies gilt insbesondere für Vervielfältigungen, Mikroverfilmungen, Einspeicherung
und Verarbeitung in elektronischen Medien sowie für Übersetzungen.

Das Werk folgt der reformierten Rechtschreibung und Zeichensetzung.

👥 Diese Aufgaben könnt ihr mit einer Partnerin oder einem Partner lösen.

👥 Diese Aufgaben könnt ihr in der Gruppe lösen.

ISBN 3-06-090303-4
1. Auflage
5 4 3 2 1 / 02 01 00 99 98

Alle Drucke dieser Auflage sind im Unterricht parallel nutzbar.
Die letzte Zahl bedeutet das Jahr dieses Druckes.

© Volk und Wissen Verlag GmbH & Co., Berlin 1998
Printed in Germany
Redaktion: Christa Krauthakel, Angela Lindeke
Layout: Rainer Fischer
Einband: Gerhard Medoch
Reproduktion: P. Decker GbR, Berlin
Druck: Gebr. Garloff GmbH, Magdeburg

Inhaltsverzeichnis

Miteinander umgehen

In der Familie	5
Wie wir in der Familie miteinander umgehen	6
Ein Kind wird geboren	8
Erholsame Freizeit	10
Wie wir in der Schule zusammenleben	12
Kinder spielen – früher und heute	14
Eine Spielstraße für das Klassenfest	15
Ein „Neuer" in der Klasse	16
Wie ich mich fühle	18
Berührungen	20

Zu Hause umgeschaut

Vergangenheit – Gegenwart – Zukunft	21
An der alten Stadtmauer	22
Zwei Felsen – was eine Sage berichtet	24
Was die alte Dorfkirche erzählen kann	25
Wohnen früher und heute – In der Stadt	26
Auf dem Land	27
Fleißige Handwerker	28
Wie Familien wohnen	30
Frisches Wasser	32
Wo kommt unser Trinkwasser her?	33
Wie gehen wir mit dem Wasser um?	34
Elektrischer Strom und Heizung	35
Elektrische Geräte – Nutzen und Gefahr	36
Die „Müllgeschichte"	38
Fernsehen in der Freizeit	40
Sich und andere informieren	42
Ich schreibe dir	44
Kleine Postgeschichte	45
Eine „Zeitreise" mit der Bahn	46
Über Berufe und Arbeit	48

Etwas für die Gesundheit tun

Gesund bleiben – Tipps und Tricks	52
So verbringt Bianca einen Tag	54
Mit den Sinnen die Umwelt entdecken	56
Mit allen Sinnen	59
So kannst du dir und anderen helfen	60
Unser Körper braucht Nahrung	61
Alles über Milch	62
Frühstücken macht Spaß	63

Auf der Straße

Täglich als Verkehrsteilnehmer 64
Partner im Straßenverkehr 65
Sehen – Überlegen – Gehen 66
Radfahren macht Spaß und ist gesund 67
Mobil auf Zweirädern 68
Liebes Fahrrad … 69
Ein Fahrrad muss gepflegt werden 70
Tonis neues Fahrrad 71
Sicher im Straßenverkehr 72
Sicher nach rechts und links abbiegen 74

Das Wetter

Das tägliche Wetter 76
Die vier Jahreszeiten 78
Der Tagbogen der Sonne 79
Thermometer kennen – Temperaturen messen 80
Wolken beobachten – die Bewölkung aufzeichnen 81
Wir erkennen Niederschläge 82
Woher der Wind weht 83
Wettertabelle und Wetterbericht 84

Mit Karten unterwegs

Mit Karten finden wir uns leicht zurecht 85
Unsere Schule im Modell 86
Vom Modell zum Plan 87
Der Plan eines Ortes – der Ortsplan 88
Ortspläne verändern sich 89
Wir „lesen" Pläne und Karten 90
Wie auf Karten Höhen dargestellt sind 91
Landschaften unterscheiden sich 92

In der Natur

Das Jahr des Storches 94
Der Kreislauf des Wassers 95
Woher unser Brot kommt 96
Pflanzen und Tiere im Getreidefeld 98
Haustiere auf dem Lande 99
Gartenmosaik 102
Auf Wiesen und Weiden 105
Parkanlagen zum Verweilen 108
Die Natur schützen 110

Miteinander umgehen

In der Familie

Alexanders „Familienbaum"

Alexander denkt über das Familienalbum nach:

1 Wer gehört zu Alexanders Familie?

2 Familien unterscheiden sich. Wer gehört zu deiner Familie?

3 Du kannst deinen Familienbaum gestalten. Berate dich mit deiner Familie! Wähle Fotos oder male!

Das ist Großvater Bodo bei der Einschulung.

Das ist mein Vater Heiko bei der Einschulung.

Das bin ich, Alexander. Werde ich auch Vater und Großvater?

5

Wie wir in der Familie miteinander umgehen

1 *Lassen sich alle Wünsche erfüllen?*
Was könnten die Kinder selbst dafür tun?

Jedes Kind möchte sich in seiner Familie wohl fühlen. Kinder aus Tonis Klasse wünschen sich:

> Ich wünsche mir, dass meine Mutti und mein Vati viel mehr Zeit haben.
> Christian

> Ich würde es schön finden, wenn meine kleine Schwester nicht immer krank ist, damit ich mehr mit ihr spielen kann.
> Janine

> Ich wünsche mir, dass mein Bruder weiterhin so lieb bleibt.
> Patrick

> Ich wünsche mir, dass ich und meine Familie uns immer vertragen.
> Theresa

2 *Zwei Umfragen in der Klasse (siehe unten): Sammelt, beratet und ordnet eure Ergebnisse!*

Toni fühlt sich wohl in seiner Familie. Alle tragen dazu bei, weil jeder in der Familie Aufgaben übernimmt:
Mutter: Wäsche waschen, …   Vater: Staub saugen, …
Toni und Lena: einkaufen, aufräumen, …
Ist die Arbeit getan, verbringen sie viel Freizeit gemeinsam.

Wie stellst du dir die Arbeitsteilung in deiner Familie vor?
Vater: … Mutter: … Kinder: …

Welche Ideen hast du für Regeln in eurem Familienleben?

Wichtige Ereignisse, wie Geburtstage, Schulanfang und andere, feiert jede Familie auf ihre Weise. Sandra möchte ihren Geburtstag mit viel Spiel und Spaß gestalten. Sie will Gäste einladen. Ihre Familie hat sich einiges ausgedacht. Sandra stellt einen Merkzettel zusammen.
Von ihrem Freund erhielt Sandra diese Glückwunschkarte.

Nicht vergessen!

 – Sandra, Julia
Zelt schmücken – ...
Musik – ...
Spiele ausdenken – ...
kleine Preise für
das Preisausschreiben
kaufen – ...
Essen vorbereiten – ...
Tisch decken – ...

Liebe Sandra,

ich wünsche herzlich alles Gute,
Gesundheit, Glück und Sonnenschein.
Und nun mit frischem, frohem Mute
ins neue Lebensjahr hinein!

Dein Tobias

3 Wer könnte die einzelnen Aufgaben übernehmen?

4 Hast du für deine nächste Geburtstagsfeier schon Ideen? Erzähle!

Ein selbst gebastelter Kalender erinnert dich:
- an Geburtstage in deiner Familie,
- an Familienfeste,
- an Feste im Ort und anderes.

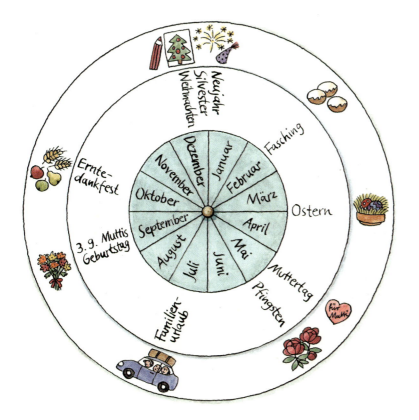

5 Du kannst für einen Anlass in deiner Familie
- Überraschungen ausdenken,
- Glückwunschkarten entwerfen,
- Einladungen schreiben.

Was noch?

6 Erkundet und erzählt: Welchen Ursprung haben Feste in eurer Familie und im Ort?

Auch an bestimmten Feiertagen im Jahr werden Familienfeste oder Feste in deinem Ort gefeiert.

Samenzellen

Eizelle

Vereinigung von Samenzelle und Eizelle

Ein Kind wird geboren

Eriks Eltern möchten gern noch ein Kind haben. Erik will wissen, wie ein Kind entstehen kann. Die Mutter erklärt: „Ein Kind entwickelt sich, wenn eine weibliche Eizelle von einem männlichen Samen befruchtet wird. Samen befinden sich in Vaters Geschlechtsorganen und Eizellen in meinen. Gelangt ein Samen in eine Eizelle, werde ich schwanger. Das Kind wächst in meiner Gebärmutter heran. Von mir erhält es über die Nabelschnur alles, was es braucht.

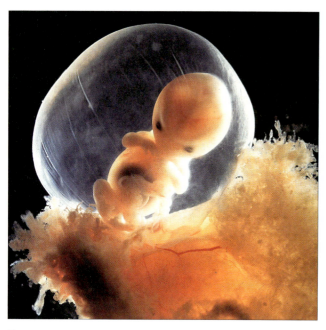

Das werdende Baby ist 8 Wochen alt.

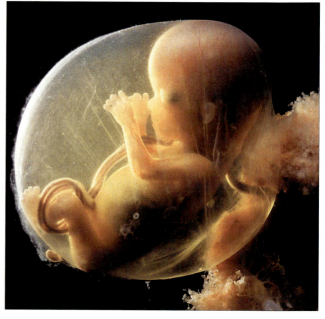

Das werdende Baby ist 5 Monate alt.

1 *Vergleiche beide Fotos, nenne Veränderungen!*

Wenn die Schwangerschaft normal verläuft, so wird unser Kind nach 9 Monaten geboren.
Zuerst spüre ich ein schmerzhaften Ziehen im Bauch, die Wehen setzen ein. Nun weiß ich – die Geburt steht unmittelbar bevor.
Das Kind gelangt durch meine Scheide nach außen. Meist kommen Babys mit dem Kopf zuerst auf die Welt. Für das Baby und für mich ist die Geburt sehr anstrengend."

2 *Befrage deine Mutti, wie sie sich auf deine Geburt vorbereitet hat!*

3 *Frage sie auch, wie deine Geburt verlaufen ist!*

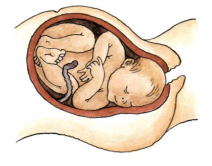 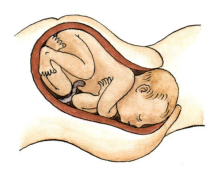

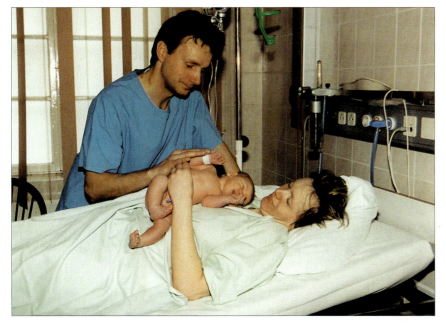

4 Frage deine Eltern, wie groß und schwer du warst! Vergleiche mit deiner Größe und deinem Gewicht heute!

Als Eriks kleiner Bruder geboren wurde, freuten sich alle in der Familie. Er bekam den Namen Daniel.
Daniel wog 3600 Gramm und war 51 Zentimeter groß. Alle möchten, dass er gesund aufwächst. Deshalb braucht Daniel gute Pflege und viel Liebe.
Er wird gebadet und gewindelt. Die beste Nahrung für Eriks Bruder ist Muttermilch. Die Mutter sagt, er wird gestillt.
Das Baby möchte auch gestreichelt werden, sich bewegen, spielen oder „reden".

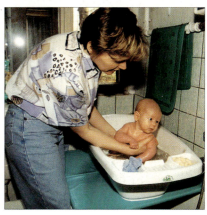

5 Das Säugen des Babys heißt „Stillen". Begründe!

6 Würdest du gern bei der Babypflege helfen? Worauf achtest du?

7 Beschreibe, wie ein Baby spielt und sich bewegt! Wie „redet" es?

Erholsame Freizeit

Jonas hat heute Nachmittag Zeit für sein Hobby. Er freut sich schon, denn Vati hat ihm einen Satz Briefmarken geschenkt. Interessiert schaut er sich die bunten Marken an.

Ein Satz Briefmarken

Mit Lupe und Pinzette prüft er alle Marken. Keine Zacke fehlt.

Er überlegt: Wo ordne ich die Marken ein?

Vorsichtig schiebt er die Marken in das Album.

Neugierig liest er nach, wie diese Tiere leben.

1 *Hast du ein Hobby? Erzähle davon!*

2 *Wie gefallen dir die Freizeitbeschäftigungen? Begründe!*

3 *Nachmittags hast du freie Zeit und Pflichten. Stelle deinen Nachmittagsplan für eine Woche auf!*

4 *Vergleicht eure Pläne!*

Am Wochenende fährt Jonas' Familie oft zum See. Das gefällt ihm, aber manchmal würde er gern etwas anderes machen. Neugierig schaut er in einen Stadtprospekt und findet:
- einen Sportplatz,
- ein Waldstück mit einem Berg,
- einen Radweg am Flussufer,
- einen Tierpark.

5 Was kann Jonas seiner Familie für das Wochenende vorschlagen?

6 Erkundet, was Familien in eurem Ort in der Freizeit gemeinsam tun können! Teilt einige Ideen euren Familien mit! Vielleicht malt ihr dazu ein Bild oder schreibt einen Vers.

7 Jeder tut auch gern einmal etwas allein. Frage jeden in deiner Familie nach seiner liebsten Beschäftigung!

Wie wir in der Schule zusammenleben

Stimmt die Zeile aus dem Kinderreim für deine Schule?
Kinder meinten dazu:

Ja – weil die Lehrerin so lieb ist und ich da meine besten Freunde hab.

Ja – weil ich mich so gut mit meinen Freundinnen vertrage.

Ich gehe nicht gern in die Schule, wenn wir Diktate schreiben.

Klar! In unserem Klassenraum ist es so gemütlich.

In die Schule geh ich gern alle Tage wieder...

Ja – weil ich mich auf Mathe freue.

1 *Bildet in eurer Klasse einen Kreis! Was meint ihr zu dieser Zeile? Darüber könnt ihr miteinander reden.*

In der Klasse und in der Schule können Kinder vieles gemeinsam tun.
Das macht manchmal großen Spaß, aber ab und zu gibt es auch Streit.

2 *Erzähle oder male, was du gern mit anderen tust!*

3 *Was passiert, wenn es dabei Streit gibt? Erzähle, wie du dich dann fühlst!*

Jonas und Alexander sind Freunde. Doch plötzlich fangen sie an zu streiten. Sie schreien sich an und gehen sogar mit den Fäusten aufeinander los. Was ist nur geschehen? Später sitzt Alexander traurig da. Jonas fehlt ihm.

Freunde sind wichtig
zum Sandburgenbauen,
Freunde sind wichtig,
wenn andre dich hauen,
Freunde sind wichtig
zum Schneckenhaussuchen,
Freunde sind wichtig
zum Essen von Kuchen.

Vormittags, abends,
im Freien, im Zimmer ...
Wann Freunde wichtig sind?
Eigentlich immer!

Georg Bydlinski

4 Alexander möchte sich wieder vertragen. Spielt vor, wie er das tun könnte! Freundschaft ohne Streit – geht das?

Mancher Streit lässt sich vermeiden, wenn jeder bestimmte Regeln einhält. Am besten, wenn ihr für eure Klasse und für eure Schule selbst welche findet.

Hausordnung
Damit wir uns hier wohl fühlen, wollen wir
im Schulhaus leise sein,
die Schwächeren schützen,
auf Ordnung und Sauberkeit achten, ...

5 Was haltet ihr von diesen Regeln?

Klassenregeln

Wir schreien uns nicht an.
Wir stören uns nicht beim Lernen.
Jeder hilft dem anderen, wenn er etwas nicht kann.
Wer etwas verschmutzt, macht es wieder sauber.
Wir lösen einen Streit friedlich.
Niemand darf einem anderen weh tun ...

6 Lest die Hausordnung eurer Schule!
• Was findet ihr gut?
• Was würdet ihr ändern?

7 Spielt vor, wie ihr im Streit miteinander redet!

Kinder spielen – früher und heute

1 *Beschreibe das Spielzeug, das dir gefällt!*

2 *Spielen früher und heute – sammle dazu Bilder und Geschichten!*

Damit spielten deine Großeltern und Eltern.
Du kennst heute noch viele andere Spielzeuge.
Und deine Kinder werden sicher noch anderes Spielzeug haben. Wie das wohl aussehen wird?
Vielleicht erfindest du gleich eines.

1940

1960

1980

2000?

Eine Spielstraße für das Klassenfest

So könnt ihr eine Spielstraße planen:

Kinderspiele aus aller Welt

Spiele im Freien

Geschicklichkeitsspiele
Denkspiele
Kraftspiele
Ballspiele
Tastspiele
Fangspiele
Ratespiele
Such- und Versteckspiele

Probeball
- Alle einigen sich auf zehn Wurfübungen mit dem Ball.
- Sieger ist, wer zuerst alle fehlerfrei meistert.
- Bei einem Fehler setzt der nächste Spieler fort.
- Gewinnt in der ersten Runde keiner, setzen alle Spieler bei der Übung fort, an der sie gescheitert sind.

Kinderspiele suchen   schöne Spiele zusammenstellen   jedes Spiel an der Pinnwand beschreiben oder Regeln erfinden

Spielstraße, ausgedacht von Maria, Jonas, Anne, Tilo

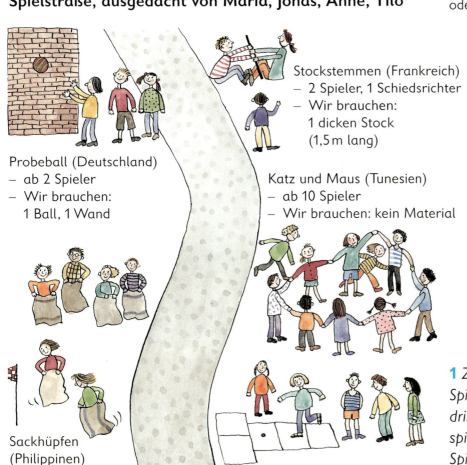

Probeball (Deutschland)
– ab 2 Spieler
– Wir brauchen: 1 Ball, 1 Wand

Stockstemmen (Frankreich)
– 2 Spieler, 1 Schiedsrichter
– Wir brauchen: 1 dicken Stock (1,5 m lang)

Katz und Maus (Tunesien)
– ab 10 Spieler
– Wir brauchen: kein Material

Sackhüpfen (Philippinen)
– ab 6 Spieler
– Wir brauchen: 1 Kartoffelsack pro Spieler oder Mannschaft

Himmel und Hölle (Ägypten)
– 5 Spieler
– Wir brauchen: Kreide, 1 Stein pro Spieler

1 *Zählt die gesammelten Spiele! Überlegt, welche ihr drinnen, welche ihr draußen spielen könnt! Stellt eure Spielstraße zusammen!*

2 *Gestaltet eine Spielstraßen-Sieger-Urkunde! Wer soll sie erhalten?*

Ein „Neuer" in der Klasse

1 *Was ist in Igors Heimat anders als bei euch? Schreibe Fragen auf, die du ihm stellen würdest!*

Igor, der Neue, kommt aus Sankt Petersburg. Vieles ist ihm fremd hier. In seiner Heimatstadt sprechen die Leute russisch. Igor lebte gern in Petersburg, denn hier hatte er viele Freunde. Es ist eine schöne Stadt.

In der Stadt gibt es breite Straßen, schöne alte Häuser, weite Plätze, Kanäle, die Metro … Besonders gefiel es Igor am Meer. Dort fahren große Überseeschiffe und Tragflächenboote.

Igor besuchte eine Petersburger Schule. Zu Mittag aß er gern Borschtsch und trank oft Kefir.
Am liebsten spielte er mit den anderen Jungen Fußball.

Igors Familie verbrachte die Wochenenden oft auf ihrer Datscha, so hieß ihr Wochenendhaus. Einmal angelte Igor mit dem Vater einen großen Hecht. Igors Freunde hießen Nadja, Irina und Boris.
Zu Neujahr feierten sie alle das Jolkafest.

Petersburg liegt weit oben im Norden. Deshalb geht im Sommer die Sonne kaum unter, man nennt das „weiße Nächte".
Nachts werden die Brücken über die Newa für große Schiffe geöffnet.

2 *Wird Igor etwas vermissen? Schlagt vor, wie die Klasse ihm helfen kann sich einzuleben!*

Zutaten für Borschtsch

Jonas startet eine Aktion an der Pinnwand:

3 *Erkläre Jonas' Idee!*

Maria fragt, warum ausländische Kinder hier in Deutschland leben.
Mai Lan und Sabrina aus der Klasse antworten.

Mai Lan

Warum ich in Deutschland bin?
Meine Mutter lebt und arbeitet schon viele Jahre in Berlin. Ich möchte mit meiner Mutter zusammen leben, weil es besser für meine Zukunft ist. Deshalb bin ich aus Vietnam hierher nach Deutschland gekommen.
Das Essen schmeckt mir hier besser. Mir gefällt, dass es viel mehr Schwimmhallen und Turnhallen gibt.
Die Lehrerinnen sind sehr nett und ich kann immer meine Meinung sagen.

Sabrina

Ich bin hier in Deutschland geboren, in Erfurt.
Ich spreche deutsch und gehe hier zur Schule.
Mein Papa ist in Mosambik in Afrika zur Welt gekommen.
Meine Mama ist in Deutschland geboren.
Ich habe eine braune Haut, weil mein Vater eine schwarze Hautfarbe hat und meine Mutter eine weiße.

4 *Kommst du aus einem anderen Land? Erzähle von deinem früheren Zuhause!*

5 *Ausländer sein – ist das etwas Besonderes? Sprecht im Morgenkreis darüber!*

Wie ich mich fühle

1 *Ich fühle mich heute ...*
Wie könnten die Kinder diesen Satz beenden?

2 *Erzähle: Wie fühlen sich Jonas und Tilo?*
Wie würdest du dich fühlen?

Jonas und Tilo ...

... fahren Achterbahn.

... sind im Dunkeln allein.

... haben eine 6 bekommen.

... haben endlich ein Fahrrad.

... bekommen Schelte.

... sind verliebt.

Jeden Tag fühlen wir uns anders. Mal sind wir fröhlich und gut gelaunt, ein anderes Mal traurig, niedergeschlagen oder schlecht gelaunt.
Es kommt vor, dass wir Angst haben, wütend oder zornig sind. Dafür gibt es meist einen Anlass.

3 *Wovon hängt deine Stimmung oft ab? Erzähle, was dich wütend, zornig oder ängstlich macht!*

Wenn ich wütend bin, dann stampf' ich mit dem Fuß.

Manchmal braucht man keine Worte, um sich zu verstehen.

4 *Sprecht im Morgenkreis darüber, wie sich jeder von euch verhält, wenn er wütend ist!*

Wunder des Alltags

Manchmal, da habe ich eine Angst.
Manchmal, da habe ich einen Zorn.
Manchmal, da habe ich eine Wut.

Manchmal, da habe ich keine Freude.
Manchmal, da habe ich kein Vertrauen.
Manchmal, da habe ich keinen Mut.

Aber manchmal, da kommt plötzlich jemand und fragt mich:
„Komm du, gehts dir nicht gut?"

Hans Manz

Berührungen

Berühren ist schön – oder nicht schön.
Berühren kann trösten – oder kränken.
Berühren kann mutig sein – oder gefährlich.
Berühren kann beruhigen – oder böse machen.
Berühren kann lindern – oder schmerzen.

1 *Erzähle Geschichten zu den Sätzen und Bildern!*

2 *Wie empfindest du manche „Berührungen"? Beschreibe, wie du darauf reagierst!*

Zu Hause umgeschaut

Vergangenheit – Gegenwart – Zukunft

Als die Eisenbahn erfunden war, erhielten viele Orte Bahnhöfe. Das alte Bild zeigt ein Bahngelände im Jahr 1850.

Jahre später wurden die Gleise über eine dafür gebaute Brücke verlegt. Dazu nutzte man den Teil eines Berges. Auf dessen anderem Teil entstand ein Stadtpark. Diese neue Eingangshalle schmückte nun den Bahnhof.

Jetzt wird das Bahnhofsgelände wieder umgestaltet. Zukünftig sollen hier moderne Züge halten. Sie werden die Fahrgäste in viel kürzerer Zeit ans Ziel bringen.

Im Jahr 2005 soll der Bahnhof so aussehen.

1 Das Bild und das Foto des Bahnhofs stammen aus früherer Zeit. Woran erkennst du das?

2 Vergleiche Foto und Modell des Bahnhofs und nenne Veränderungen!

3 Erkundet, wie bei euch ein Bahnhof verändert wurde!

4 Vermute, warum das Gebiet um den Bahnhof immer wieder anders gestaltet wurde!

5 Erkundet, wo man bei euch eine Landschaft umgestaltet hat! Ihr könnt nach alten Bildern suchen und die Gründe erforschen.

An der alten Stadtmauer

Nicht weit vom Marktplatz, dem Rathaus und der Kirche entfernt stehen Reste einer alten Stadtmauer.
Pflanzen wachsen hier. Manche ranken sich an ihr empor und bilden an einigen Stellen eine dichte grüne Wand.

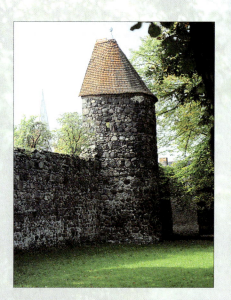

Dort leben zahlreiche Tiere, zum Beispiel Schnecken, Käfer, Schmetterlinge und Spinnen. Bienen und Hummeln finden hier Nahrung. In dem dichten Gestrüpp bauen auch Vögel ihre Nester und brüten ihre Jungen aus.
Die alte Mauer ist sehr hoch. Dort, wo sie unterbrochen ist, erkennt man genau, wie dick sie ist.
Wer hat sie so gebaut und warum? Ob sie sehr alt ist?
Sie blieb nicht überall erhalten. Weshalb?
Ein mächtiger runder Turm ist in die Mauer eingefügt. Sein Dach läuft nach oben spitz zu.
Hatte es einen besonderen Zweck?
Durch ein altes Stadttor führt die Straße direkt zum Markt. Man erkennt, dass das hohe Tor einmal mit der Mauer verbunden war.
Lebten die Menschen, die einst durch dieses Tor gingen, ganz anders als wir? Waren sie auch anders gekleidet?
Die hohe Mauer besteht aus großen behauenen Steinen.
Hat man sie hergestellt? Und womit fügte man damals die Steine zusammen?
Nur eine Stadtmauer – so viele Fragen.

1 *Seht euch in eurer Umgebung alte Mauern oder Gebäude an! Schreibt Fragen dazu auf!*

2 *Beratet und notiert, wo ihr Antworten auf eure Fragen finden könntet!*

Einige Kinder suchten Antworten im Museum und fanden heraus:
Die alte Stadtmauer mit dem Graben davor bildete im 13. Jahrhundert die Stadtgrenze. Die Bewohner erbauten diese Befestigungen, um ihre Stadt vor Angriffen zu schützen. Zum Bauen verwendeten sie Feldsteine, die sie in der Umgebung fanden. Die Mauer sollte fest und sicher sein. Heute werden die Reste der alten Stadtmauer sorgsam geschützt und als Baudenkmal mühevoll erhalten.

3 *Findet heraus, in welchem Museum eures Heimatkreises ihr Interessantes aus der Vergangenheit erfahren könnt! Berichtet davon!*

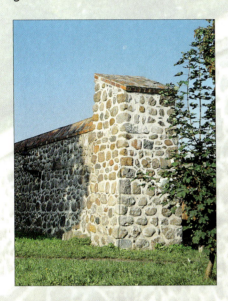

Die 7,50 Meter hohe und sehr dicke Mauer sollte verhindern, dass Feinde mit Leitern hinaufstiegen oder Kanonenkugeln sie durchschlagen konnten.

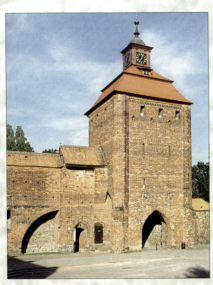

Durch das Stadttor passten gerade noch Pferdefuhrwerke. Wenn sich Feinde näherten, verschlossen es die Bewohner mit Gittern und Holztüren.

Von den Wehrtürmen und dem Stadttor aus sah man weit ins Land. Innen entlang führten einst hölzerne Wehrgänge, auf denen kleine Kanonen standen.

Im Museum entdeckten die Kinder dieses Modell der mittelalterlichen Stadt.

Zwei Felsen – was eine Sage berichtet

Naturdenkmal

Die Eiche ist fast 1000 Jahre alt.

1 Besucht Naturdenkmäler in eurer Umgebung! Erkundet, was man über sie erzählt!

2 Beratet, wie ihr sie schützen könnt! Sammelt Vorschläge!

Weitere Naturdenkmäler:
- Bäume, die viele Jahrhunderte alt sind
- besondere Gesteinsbildungen in Höhlen
- Versteinerungen und Abdrücke von Pflanzen und Tieren in Stein

Aus einem Höhenzug in Deutschland ragen zwei ungewöhnliche Steine hervor. Unsere Vorfahren nannten sie „Der Laute" und „Der Stumme". Die Steine sind heute als Naturdenkmäler geschützt. Einst, so erzählt man, soll es sie hier nicht gegeben haben. Die Sage berichtet:

Ein Bauer war mit seinem Gespann auf dem Heimweg, schlief ein und erwachte erst, als seine Pferde plötzlich vor einem Höhleneingang hielten. Aus dem gähnenden Höhlenschlund blinkte dem Bauern glitzerndes Gold entgegen. Er schritt mutig in die Höhle hinein, füllte sich Taschen und Hut mit Goldstücken und verstaute den Schatz in seinem Wagen. Er ging ein zweites Mal, um von dem unermesslichen Reichtum zu holen.
Als er in seiner unersättlichen Habgier ein drittes Mal nach dem Golde greifen wollte, fuhr ein großer, zähnefletschender Hund mit Geheul auf ihn los. Entsetzt ließ der Bauer vom Golde ab, stürzte aus der Höhle und fiel bewusstlos zu Boden.
Als er sich erholt hatte, fand er auf dem Wagen statt des gleißenden Goldes ganz gewöhnliche Kieselsteine und vor seinen Augen ragten statt der Höhle zwei mächtige Felsen. In dem einen verbarg sich der Teufel mit seinem Gold, mit dem anderen verspottet er noch heute die Vorübergehenden, indem er ihnen im Echo ihre eigenen Worte nachruft.

Was die alte Dorfkirche erzählen kann

Es geschah um das Jahr 1180, da rissen Mönche ihr altes, hölzernes und morsches Kirchlein nieder und begannen mit dem Bau dieser Kirche. Ungezählte Feldsteine trugen die Bewohner der Umgebung mühevoll zusammen. Daraus wuchsen der Turm, das Kirchenschiff und die Anbauten. Mörtel aus Kalk und Sand hielt die Steine zusammen.

Baudenkmal

Dieses alte Wasserwerk ist heute ein technisches Baudenkmal.

Die dicken Kirchenmauern haben nur wenige hoch gelegene kleine Fenster und eine einzige schmale Tür – die Zeichen einer Wehrkirche. In Kriegszeiten konnten in ihr wehrlose Menschen – Alte, Gebrechliche und Mütter mit Kindern – Schutz finden.

Der wuchtige Turm hat weder eine äußere Tür noch Fenster, sondern nur Schallöffnungen in großer Höhe. Aus ihnen ertönt bis heute das Läuten der Glocken. Früher warnte der Glockenklang die Menschen, wenn Krieg, Krankheit, Feuer oder Tod ihr Leben bedrohten.

In früheren Jahrhunderten umgab ein Friedhof die Kirche. Davon erzählen große Sandsteinplatten, die als Grabsteine dienten. Auf einigen Steinen erkennt man noch Reste von Schriftzeichen, auf einem sogar gekreuzte Beile.

Heute ist die Kirche ein schützenswertes Baudenkmal.

1 *Erforscht:*
- *Anlässe, zu denen in unserer Zeit Kirchenglocken läuten,*
- *was alte Bauten in eurem Heimatkreis vom Leben und Können eurer Vorfahren erzählen,*
- *warum ihr in eurer Heimat kaum Bauwerke findet, die älter als tausend Jahre sind!*

Wohnen früher und heute – In der Stadt

Als Marias Großvater Hans ein Kind war, lebte er mit seinen Eltern in einer Stadtwohnung.

Zu ihrer Wohnung gehörten eine Wohnstube, ein Schlafraum, eine Wohnküche, der Flur und eine Abstellkammer.

Maria wohnt mit ihren Eltern in einem alten Fachwerkhaus.

Das alte Haus wird seit 500 Jahren bewohnt.

So wohnte eine Familie vor 100 Jahren.

1 *Finde Unterschiede zwischen früheren und heutigen Wohnungen!*

Jedes Wohnhaus hat wie Marias Haus eine Geschichte – deines auch. Wann wurde es gebaut? Wohnten schon früher Menschen darin? Was sahen und erlebten sie?

Auf dem Land

Marias Großmutter Magda ist auf dem Land aufgewachsen. Sie erzählt, wie ihre Familie gewohnt hat:
Als ich so alt war wie du, lebte meine Familie auf dem Dorf. Der Vater arbeitete auf einem Bauernhof.
Unsere Wohnung hatte drei Räume. In der Wohnküche stand das Bett der Eltern, dazu ein Herd, der mit Kohle und Holz beheizt wurde, ein Esstisch, ein Küchenschrank, vier Stühle, eine Bank und ein Waschtisch.
Meine Schwester und ich schliefen im Zimmer, der Bruder in der Kammer. Mutter wusch die Wäsche mit dem Waschbrett. Die Stube kehrte sie mit dem Besen aus. Der kleine Läufer im Zimmer wurde immer ausgeklopft.
Auf dem Hof befand sich ein Holzhäuschen, die Toilette ohne Wasserspülung. Zur Wohnung gehörten noch ein Stall und ein Holzschuppen.
Wir hatten eine Ziege, Kaninchen, Hühner, Enten, Gänse, Katzen und einen Hund. Manchmal hütete ich unsere Gänse.

1 *Frage deine Großeltern, wie sie einst lebten und wohnten!*

2 *Was braucht eine Familie heute in ihrer Wohnung? Du kannst ergänzen oder auch weglassen.*

Fleißige Handwerker

1 *Was sollte die Familie noch bedenken?*

Anne wohnt mit den Eltern und ihren zwei Geschwistern in einer Stadtwohnung. Die drei Zimmer reichen für die fünf Familienmitglieder nicht. Die Eltern beraten und sprechen dann mit den beiden großen Mädchen: „Wir werden mit in Omas altes Haus ziehen." Die Begeisterung ist groß. In Ruhe bedenken sie alles.

Ich will mein Zimmer allein einräumen.

Für Maik bauen wir eine Sandkiste.

Wer wird in welchem Zimmer wohnen?

Wir müssen uns in der neuen Schule anmelden.

2 *Male oder beschreibe ein Haus, in dem du wohnen möchtest!*
In welche Himmelsrichtungen sollen die Fenster der einzelnen Räume zeigen?

Die Eltern sehen sich das Haus genau an.
Ein Architekt berät sie. Bevor sie alle gut darin wohnen können, ist einiges zu tun. Das Dach ist alt und an manchen Stellen undicht. Wenn es stark regnet, ist der Dachboden feucht, das Holz könnte beschädigt werden.
Der Dachdeckermeister prüft den Zustand. Das Dach muss erneuert werden.

Ein großes Zimmer erhält eine Zwischenwand, so dass beide Mädchen ihr eigenes Zimmer haben.
Neue elektrische Leitungen müssen gelegt werden.
Im Haus sind einige Fenster nur einfach verglast.
Wenn ein starker Wind weht, wird es im Zimmer zu kalt.
Im Winter muss auch mehrmals geheizt werden.
Die neuen Fenster sind dicht und wärmedämmend.
Sie passen gut zu dem alten Haus.

3 *Einige Fotos zeigen Handwerker bei der Arbeit. Nenne ihre Berufe!*

4 *Welche Handwerker könnten noch am Umbau beteiligt sein?*

Diese und andere Arbeiten am Haus führen Handwerker mit unterschiedlichen Berufen aus.

5 *Erzähle von den Arbeiten, die sie verrichten! Einige errätst du vielleicht – an den Werkzeugen oder am Material.*

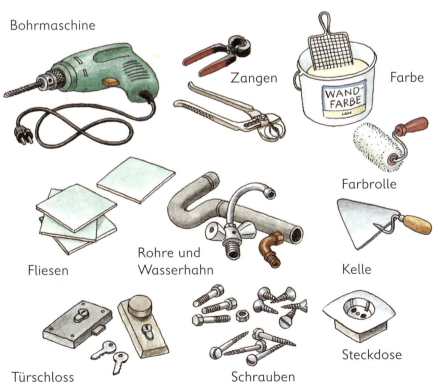

Bohrmaschine, Zangen, Farbe, Farbrolle, Fliesen, Rohre und Wasserhahn, Kelle, Türschloss, Schrauben, Steckdose

29

Wie Familien wohnen

Wie wohnen die Kinder der Erde?

1 *Es gibt unterschiedliche Wohnhäuser. Welche Vor- und Nachteile hat es deiner Meinung nach, dort zu wohnen?*

Manches Kind wohnt auf dem Lande,
Manches wohnt im zehnten Stock,
Manches Kind wohnt nah beim Strande,
Manches wohnt im Neubaublock.
Manches wohnt in einem Walde,
Manches wohnt am Wüstenrand,
Manches bei der Abfallhalde,
Manches vor der Bergeswand.

2 *Wo würdest du am liebsten wohnen – im Stadtzentrum, am Stadtrand, am Meer, auf dem Dorf, …? Begründe!*

3 *Zeige auf dem Plan deines Wohnortes, wo sich euer Wohnhaus befindet! Beschreibe die Wohnlage!*

Manches wohnt in einer Kammer,
Manches wohnt in einem Schloss.
Manches wohnt in Not und Jammer,
Manches froh und sorgenlos.
Aber kommst du mich nun fragen,
Wo die beste Wohnung ist,
Kann ich's mit vier Wörtern sagen:
   Wo du glücklich bist.

James Krüss

Familie Lück zieht um. Jeder hat viel Arbeit.
Vor dem Umzug beraten alle, wie die neue Wohnung eingerichtet werden kann. Dabei hilft ein Grundriss.
So will Familie Lück die Zimmer einrichten.

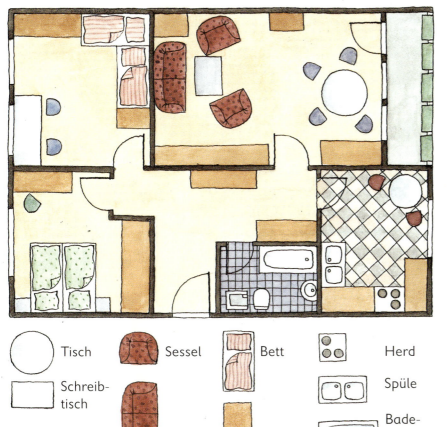

4 Vermute, weshalb Familie Lück umziehen wollte!

5 Gefällt dir das Kinderzimmer? Begründe!

6 Zeichne den Grundriss des Zimmers, in dem du wohnst! Berate mit deinen Eltern, was dir gefällt, was nicht!

7 Gestalte ein Modell aus Schachteln! Zeige, was du in deinem Zimmer gern selbst verändern würdest!

○ Tisch	◗ Sessel	▨ Bett	⬚ Herd	▯ Toilette
▭ Schreibtisch			⊟ Spüle	▭ Waschmaschine
◓ Stuhl	◗ Couch	▭ Schrank	▭ Badewanne	

In der neuen Wohnung erfüllt sich endlich Sandras und Julias größter Wunsch – ein Haustier. Für welches sollen sie sich entscheiden?
Zunächst informieren sie sich über Lebensgewohnheiten der Tiere. Dazu lesen sie in Büchern nach und suchen auch Hinweise zur Tierhaltung.

8 Die Mädchen wohnen jetzt in einem Hochhaus.
Welches Tier würdest du ihnen empfehlen? Begründe!

Frisches Wasser

1 🧑 *Vergleicht wie Sandra und Tilo!*

Die Färbung | Was passiert, wenn man hineinbläst?

Was sieht man, wenn man das Wasser filtert? | Was passiert darin mit Pflanzen?

2 *Erzähle, in welchen Farben du das Wasser erlebt hast!*

3 *Erkläre die Bilder aus Sabrinas Sammlung!*

4 *Mehr erfahrt ihr über „frisches Wasser" wenn ihr eine „Wasserwoche" durchführt!*

Die Klasse interessiert alles über das Wasser: Versuche mit Wasser, Wasserwörter, Wassergeschichten, Wasserwerk … Sandra und Tilo wollen wissen, ob Wasser aus dem Fluss genauso ist wie Wasser in der Leitung.

Maria und Alexander suchen Märchen vom Wasser. Abwechselnd lesen sie vor.

> **Geschichten vom Wasser**
>
> Einmal hat sich das Wasser beschwert, dass es tagtäglich gleich herumlaufen müsse. „Die Erde", sagte es, „ist im Frühling grün, danach prahlt sie mit den buntesten Farben, schließlich betut sie sich braun und grau, mein Kleid aber ist farblos und nass und sonst nichts."
> Eine junge Göttin antwortete: „Nun meinetwegen, sei, wie es dir gefällt."
> Das Wasser errötete vor Freude – die Abendsonne sah es –, und seitdem hat es Kleider mehr als eine reiche Braut und trägt alle Farben, am liebsten aber das Blau vom Himmel und das Grün der Smaragde.
>
> Jurij Brežan

Sabrina sucht Fotos, die zeigen, wer Wasser braucht.

Wo kommt unser Trinkwasser her?

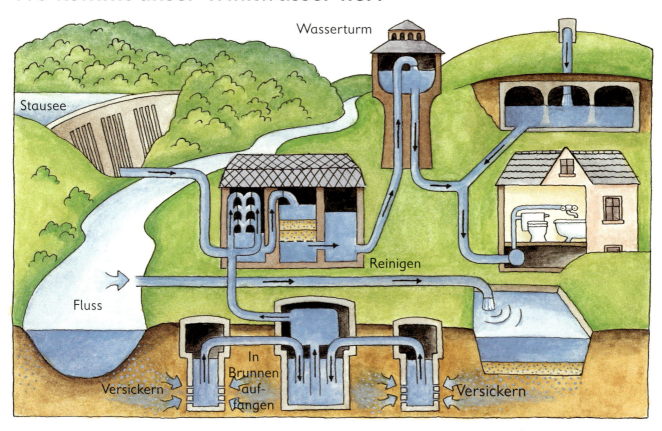

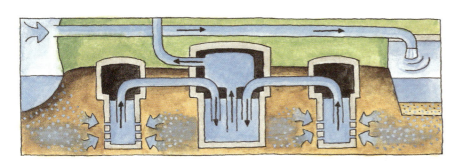

Oberflächenwasser aus Flüssen versickert im Uferbereich oder in Filterbecken. Das erzeugte Grundwasser wird in Brunnen gesammelt.

Oberflächenwasser aus Stauseen wird entnommen und gereinigt.

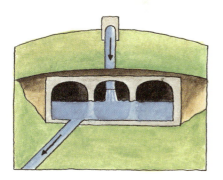

Versickertes Wasser wird aufgefangen und gesammelt (Grundwasser).

Gereinigtes Wasser wird oft in Türmen gesammelt.

1 Betrachte die Abbildungen: Wo wird Wasser entnommen? Welchen Weg nimmt es?

2 Erkundet:
- wohin das Wasser nach dem Gebrauch fließt,
- was mit dem verschmutzten Wasser geschieht!

Wie gehen wir mit dem Wasser um?

Täglich verbraucht jeder Haushalt Wasser.

Trinken und Kochen 3 – 6 Liter | Geschirr spülen 4 – 7 Liter | Körperpflege 40 Liter | Wäsche waschen 20 – 30 Liter | WC 20 – 40 Liter | Wohnung reinigen 5 – 10 Liter

1 *Errechne: Wie viel Liter Wasser werden täglich in einem Haushalt, wie viel in fünf Haushalten eurer Klasse verbraucht?*

Das ist in gebrauchtem Wasser – dem Abwasser – zu finden: Papier, Sand, Laub, Fett, Öl, Farbreste, Wasch- und Spülmittel, Salz …

Leitet man Abwasser sofort wieder in die Flüsse, Seen, Teiche und Stauseen zurück, verschmutzen die Gewässer.
Darum wird Abwasser vorher in Klärwerken gereinigt.
Das ist sehr aufwendig und deshalb sehr teuer.

2 *Woran erkennst du kranke Gewässer? Beschreibe, was dir schon einmal aufgefallen ist!*

3 *Betrachte die Bilder und überlege: Wie könnt ihr zu Hause sorgsam mit Wasser umgehen?*

Elektrischer Strom und Heizung

Um in der Wohnung Licht zu haben oder elektrische Geräte zu benutzen benötigen wir Strom.
Er wird auf verschiedene Weise erzeugt:

durch Kohleverbrennung im Wärmekraftwerk

mit Batterien

1 *Nenne Geräte, die ihr zu Hause mit Strom betreibt! Erkunde, wo der Strom dafür herkommt!*

2 *Wie sparst du Strom?*

durch die Sonne mit Solarzellen

im Atomkraftwerk

mit Windrädern

Wärme erhalten Wohnungen durch verschiedene Heizungen.
Die Zimmertemperatur sollte 20 – 22 °C betragen.

So werden Wohnungen beheizt

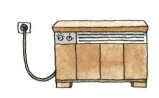

mit Strom

mit Kohle

mit Fernwärme

mit Öl oder Gas

3 *Erkunde, wie eure Wohnung beheizt wird! Welche Vor- und Nachteile bemerkst du an dieser Heizung?*

4 *Messt Temperaturen im Klassenraum und zu Hause:*
- *am Fußboden,*
- *in Tischhöhe,*
- *in Kopfhöhe!*

Was stellt ihr fest?

35

Elektrische Geräte – Nutzen und Gefahr

Laura feiert heute Geburtstag. Bald kommen die Gäste. Sie trocknet sich schnell noch die Haare. Vater ist so lieb und bügelt ihre Hose. Schon klingelt es. Während Laura die Gäste begrüßt, kocht Mutter Kakao.
Laura ist sehr stolz, denn sie hat den Kuchen gebacken und allen schmeckt er. Später beschäftigen sich einige Kinder mit Lauras neuem Computerspiel. Viel Spaß macht allen das Wettrennen der ferngesteuerten Autos.
In Lauras neuer Puppenstube brennt sogar Licht.
Es ist eine schöne Geburtstagsfeier.
Und wie kommt das Licht in Lauras Puppenstube?

1 *Finde elektrische Geräte heraus, die bei Lauras Geburtstag genutzt werden!*

2 *Beschreibe, was der Strom bewirkt, wenn die Geräte eingeschaltet sind!*

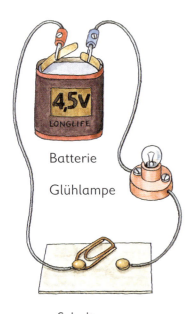

Batterie

Glühlampe

Schalter

Mit elektrischem Strom aus der Steckdose in Berührung zu kommen, kann lebensgefährlich sein. Das ist möglich, wenn Strom durch Wasser geleitet wird oder durch ungeschützte Metalldrähte oder Metallteile fließt.

3 *Erkunde, wie Hausarbeiten früher ausgeführt wurden! Auf welche elektrischen Geräte könnten Haushalte verzichten?*

4 *Beschreibe, wie elektrische Geräte, die ihr in der Schule nutzt, funktionieren!*

5 *Diesen Kindern droht Gefahr. Begründe! Schreibe Regeln zum Umgang mit elektrischem Strom auf!*

Brand in der Jahnstraße

Die kleine Maren wünscht sich noch eine Gute-Nacht-Geschichte. Tilo liest ihr ein Märchen vor.
„Nun wird aber das Licht ausgemacht", sagt er danach.
„Nein, ich habe Angst", bittet Maren.
„Na gut. Ich lege ein Tuch über die Lampe. Dann ist es nicht so hell."
Alarm bei der Feuerwehr!
Es brennt in der Jahnstraße. Die Gardinen im Kinderzimmer stehen in Flammen, Spielzeug brennt. Bei der Feuerwehr tönt laut der Alarmgong. Das Alarmlicht leuchtet. Feuerwehrleute rutschen an einer Stange in die Fahrzeughalle. Blaulicht und Signal werden eingeschaltet. Schnell fahren sie los. Die Feuerwehr hat freie Fahrt. Andere Fahrzeuge müssen Platz machen.
Zum Glück kommt ihre Hilfe rechtzeitig, niemand ist verletzt.

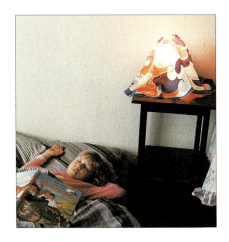

1 Vermute, wie der Brand entstanden sein könnte!

2 Wie ruft man die Feuerwehr?

Feuerwehrleute beherrschen die moderne Feuerwehrtechnik. Sie trainieren den Einsatz der Geräte und üben verunglückten Menschen zu helfen. In ihren Einsätzen beweisen sie Kraft, Mut und Ausdauer.

3 Besucht eine Feuerwache! Erkundet:
- Welche Fahrzeuge gibt es?
- Was gehört zur Ausrüstung eines Feuerwehrmannes?
- Warum müssen Feuerwehrleute regelmäßig üben?
- Welche Aufgaben hat die Feuerwehr noch?

Die „Müllgeschichte"

Eine Frage steht an der Tafel: Was ist Müll?
„Das ist doch klar", meint Erik. „Alles, was wir kaufen und irgendwann später wegwerfen, ist Müll."
„Darüber kann man sich streiten. Seht selbst!"
Aus einem riesigen Sack packt Frau Schröder aus:

Dieses Plakat an der Tafel macht die Kinder nachdenklich:

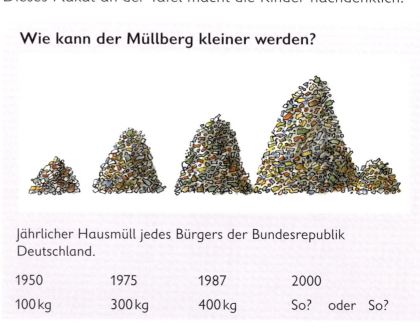

Wie kann der Müllberg kleiner werden?

Jährlicher Hausmüll jedes Bürgers der Bundesrepublik Deutschland.

1950	1975	1987	2000	
100 kg	300 kg	400 kg	So? oder	So?

1 Erzähle, was so in einer Zeitung steckt!

2 Was meinst du zu Eriks Aussage über Müll?

3 Sammelt einen Tag lang in der Schule Müll! Zieht dazu Gummihandschuhe an!

4 Ordnet: Welcher Müll ist
- zu vermeiden,
- wieder zu verwenden,
- für den Müllberg?

Das könnt ihr mit dem Müll tun.

Einen Teil des Mülls entsorgt ihr sachgerecht. Er wird wieder verwendet.

Aus Küchenabfällen lässt sich durch Kompostieren gute Humuserde herstellen.

Mit Müll könnt ihr basteln.

Aus Altpapier könnt ihr selbst neues Papier schöpfen.

Schulaktion: Müll vermeiden

Dazu sammeln alle Kinder Ideen.

39

Fernsehen in der Freizeit

Habt ihr gestern ganz spät den Horrorfilm gesehen? Der war unheimlich gruselig. Ich konnte gar nicht schlafen.

Gestern war es so langweilig. Drei Stunden hab ich hin- und hergeschaltet. Immer nur Werbung oder öde Filme.

Ich hab mir gestern einen Film über Robben angeguckt. Es ist gemein, wie die Jäger die Robben töten. Ich war richtig wütend.

Habt ihr etwa die Fernseh-Musikparty verpasst? Toll, sag ich euch. Ich hab die ganze Zeit mitgetanzt.

Gestern hat unsere ganze Familie einen Zeichentrickfilm angesehen. Haben wir gelacht!

1 Was meinst du zu diesen Aussagen?

2 Erzähle, was du gestern erlebt hast!

3 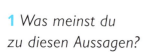 Befragt euch gegenseitig zum Fernsehen! Überlegt, wie ihr die Befragung auswerten wollt!

Eine Umfrage über das Fernsehen ohne Namen:

Gruppe 1 fragt Gruppe 2: Wie viel Zeit verbringst du täglich vor dem Fernseher?	Wie viel Zeit ist das in einer Woche?
1. Kind – *etwa 2 Stunden*	– *etwa 14 Stunden*
2. Kind – …	– …

Gruppe 2 fragt Gruppe 1: Was könntest du statt Fernsehen tun?	Wann hältst du Fernsehen für sinnvoll?
1. Kind – *etwas bauen*	– *wenn ich Sendungen auswähle*
2. Kind – …	– …

4 *Täglich locken viele Sender mit ihren Angeboten. Beratet und begründet:*
- *welche Sendung jeder für sich auswählen würde,*
- *welche ihr gern gemeinsam ansehen würdet!*

Mehmet, Sabine und Nora stellen ein Fernsehprogramm für den Nachmittag zusammen. Sie „senden" selbst.

Sabine und Nora spielen Märchenstunde mit dem Puppentheater.

Mehmet liest interessante Nachrichten aus aller Welt.

Das kann jeder probieren.

Hier ist Nora beim Fernsehen.

5 *Schau in Noras Gesicht! Was erlebt sie beim Fernsehen? Welche Sendungen magst du?*

Sich und andere informieren

Sandra kam zu spät zum Bus.

Alexander gerät in ein Unwetter.

Tilo kennt die neueste Nachricht noch nicht.

1 *Diese Kinder ärgern sich vielleicht. Worüber?*

2 *Erzähle, worüber du dich täglich informierst!*

3 *Bist du ein aufmerksamer Beobachter? Was findest du?*

Wer aufmerksam sieht, hört, liest, fühlt, ... findet überall Informationen – im Wohnort, im Wald, am Himmel, in Büchern, in Worten, ...
In den Gesichtern der Menschen entdeckst du manchmal, was sie gerade denken.
Und Fotos wie diese wollen genau angesehen werden.

Was ist hier geschehen?

Hat ein Schmetterling einen so großen Rüssel?

4 *Zu den Bildern kannst du im Anhang nachsehen.*

Ob das ein Radrennen ist?

Sandra möchte einiges über Mode wissen.
Sie fragt die anderen, wo sie sich informieren könnte und erhält viele Ratschläge.

5 *Schlagt Sandra noch mehr vor!*

6 *Probiert einmal aus, was ihr auf diese Weise über Mode erfahren könnt! Ihr könnt auch ein Thema wählen, das euch interessiert.*

Eine wichtige Mitteilung

Alexander holt Jule aus dem Kindergarten ab.
Plötzlich fällt sie hin. Sie hat eine tiefe Wunde am Knie.
Alexander versucht sie zu verbinden, doch es hilft nicht.
Er will schnell die Mutter im Büro benachrichtigen und überlegt, was er tun kann. Zuerst versucht er es so:

Niemand nimmt den Hörer ab, doch nach einem Piepton kann Alexander die Nachricht ins Telefon sprechen. Hoffentlich hört sie die Mutter bald ab. Schließlich hat er noch eine Idee. Er schreibt die Nachricht auf ein Blatt Papier.

7 *Nenne die Geräte, die Alexander helfen, die Mutter zu erreichen!*

Ich schreibe dir

Anne schreibt der Großmutter einen Brief über ihre Ferienreise. Sie schickt einige Fotos, eine Zeichnung und ein Rezept mit, das sie mitgebracht hat. Es wird ein dicker Brief. Außerdem will sie etwas fragen.

Frau Gerda Niemann
Holzgasse 3a
12513 Unterwalden

Abs. Anne Niemann
Bäckerstraße 5
13783 Oberhausen

Oberhausen, 23. 5.

Liebe Omi,

ich habe mit Mutti und Vati eine weite Reise gemacht. Wir haben so viel erlebt, dass ich es gleich schreiben muss. Am 1. Ferientag begann unsere Reise. Wir fuhren nach ...
... Nun sind noch 2 Wochen Ferien, die ich gern bei dir verbringen würde. Du fühlst dich hoffentlich recht wohl. Ich möchte mit dir wieder im Park spazieren gehen.

Schreib mir bald oder ruf an.
Es grüßt dich herzlich
deine Anne

1 Anne entschied sich, einen Brief zu schreiben. Warum telefoniert sie nicht?

2 Um den Brief zu schreiben und abzusenden, braucht Anne: ... Zähle alles auf! Worauf muss sie achten?

3 Erkunde: Was kannst du außer Briefen verschicken?

Weil Anne nicht genau weiß, wie viel der Brief wiegt, legt sie ihn zu Hause auf die Briefwaage. Dann geht sie zur Post. Auf einer Liste liest Anne ab, wie viel Porto der Brief kostet. Sie kauft die Briefmarken, klebt sie auf und wirft den Brief in den Briefkasten.

Kleine Postgeschichte

Das Posthorn ist ein internationales Zeichen der Post. Einst waren Postkutschen ein Hauptverkehrsmittel – zum Reisen und für den Posttransport. Mehrere Pferde zogen die schweren, meist gelben Kutschen. Auf den holprigen Straßen war das Reisen anstrengend. Oft brach eine Achse oder ein Rad. Der Postillion saß auf dem Bock. Vor jeder Poststation blies er ins Horn, um die Kutsche anzukündigen. Dort stärkten sich die Reisenden. Für die Weiterfahrt wurden die Pferde gewechselt. Eine Reise über 100 Kilometer dauerte etwa 10 Stunden. An alten Handelsstraßen kann man noch heute Postmeilensäulen entdecken.

1 Erforscht, was auf alten Postsäulen steht!

2 Sammelt Lieder über die Post!

Postsendungen

Brief   Wachstäfelchen   „Flaschenpost"   Pergamentrolle

3 Ordne zu: Was war früher, was ist heute? Du kannst noch ergänzen.

Ansichtskarte   Luftpostbrief   Päckchen   Postkarte

Posttransporte

Brieftaube   Bote zu Fuß   Postschiff   Postauto   Postkutsche   Flugzeug

Postzustellungen

Mönchsbote   Städtebote   Postreiter   Fuhrmann   Postbote   Postzustellerin

Eine „Zeitreise" mit der Bahn

Sandra und Julia fahren mit den Eltern in den Urlaub.

Reisevorbereitungen
Lange vorher erkundigen sich Mutti und Sandra am Informationsschalter im Bahnhof nach der besten Reiseverbindung. Sie erhalten einen Computerausdruck. Später kaufen sie dort auch Fahrkarten und Platzkarten.

Auf dem Bahnhof
Am Abreisetag fährt die Familie rechtzeitig zum Bahnhof. Das Gepäck können sie auf kleinen Wagen zum Zug bringen. Sandra schaut auf dem Fahrplan nach, von welchem Bahnsteig der Zug abfährt.
Am Bahnsteig zeigt die Anzeigetafel bereits den Zug an.

Unterwegs

- Ein ICE wird bereit gestellt. Der moderne Zug braucht für die 230 Kilometer lange Strecke nur etwa 2 Stunden.
Eine Zugbegleiterin zeigt an, dass der Zug abfahrbereit ist. Wenige Minuten nach der Abfahrt begrüßt der Zugführer über Lautsprecher die Fahrgäste.
Zwei Zugbegleiterinnen kontrollieren die Fahrkarten.
Die Mädchen kaufen an der „Minibar" Limonade. Julia findet neben dem Sitz Kopfhörer und hört unterwegs ihre Lieblingsmusik. Sogar ein Telefon gibt es im Zug, Sandra darf von hier aus die Oma anrufen.
Über Lautsprecher wird angesagt, dass sich der Zug ihrem Ziel nähert.

1 *Erkundet:*
- *woran sich Fahrpläne für Abfahrts- und Ankunftszeiten leicht unterscheiden lassen,*
- *was auf den Fahrplänen solche Abkürzungen bedeuten: ICE, EC, IC, IR, RE, RB.*

- Die Familie muss umsteigen. Es dauert noch 1 Stunde, bis der Regional-Express abfährt. Sie stellen ihre Koffer in Schließfächer und gehen ein wenig in die Stadt.

Eine Elektrolok zieht den Zug, in dem sie weiterfahren.

Die Wagen haben kleine Abteile. Sie sind nicht so bequem. Die Fahrt über 65 Kilometer dauert länger, fast 40 Minuten. Ein Güterzug fährt vorbei. Der Triebfahrzeugführer sitzt in der Diesellok. Staunend sehen die Mädchen, was die verschiedenen Güterwagen alles transportieren – Holz, Kies, Kohle und vieles andere.
- Wieder steigt die Familie um. Ein Abenteuer erwartet sie, eine Fahrt mit der Schmalspurbahn. „Ein Schmuckstück" nennt der Vater die Dampflok. Schwarzer Rauch quillt aus ihrem Schornstein. In kleinen Wagen sitzen sie auf Holzbänken. Der Zug schnauft langsam den Berg hinauf. Immer wieder ertönen schrille Pfiffe, es zischt – die Lok lässt Dampf ab. Dann fahren sie durch einen Tunnel und sind am Ziel.

2 *Überall fahren Güterzüge. Berichte über Wagen, die du schon beobachtet hast!*

3 *Die Familie erlebte mit der Bahn eine „Zeitreise". Woran hast du das bemerkt?*

4 *Begründe, welcher Reiseabschnitt dir am besten gefallen hätte!*

5 *Berichte von den Aufgaben der Bahn!*

Über Berufe und Arbeit

1 *Nenne weitere Berufe, die es früher schon gab! Frage oder lies nach, wie sich die Tätigkeiten veränderten!*

Tilo ist mit seinem Opa unterwegs. Am Markt wird gebaut. Der Opa erzählt: „Als ich jung war, habe ich als Maurer gearbeitet. Das war schwere körperliche Arbeit. Aber mein Beruf machte mir Spaß. Der Lohn reichte für die Familie."

Oft hieß das noch: Stein auf Stein.

Der Mörtel wurde im Mischer hergestellt. Ziegel wurden mit dem Förderband oder mit einem Flaschenzug transportiert.

Heute baut man oft mit Fertigteilen. Kräne befördern die großen Bauteile nach oben. Spezialfahrzeuge liefern den Beton. Bei schweren Arbeiten helfen Baumaschinen.

2 *Sucht alte Handwerkerwappen und erfindet Wappen für heutige Berufe!*

3 *Erkunde in deiner Familie, was zur Hausarbeit gehört!*

4 *Tätigkeiten im Haushalt wurden auch zum Beruf. Warum werden Berufe erlernt?*

Opa erzählt weiter: „Oma arbeitete damals nur einen halben Tag. Sie wollte nachmittags für die Kinder da sein und den Haushalt versorgen."

48

Tilos Mutter ist Lehrerin.

Der Vater arbeitet als Bäcker.

Überall wird gearbeitet – in der Fabrik, im Krankenhaus, auf dem Feld, … Dabei stellt man Gebrauchsgegenstände und Nahrungsmittel her.
Menschen werden betreut und versorgt …

5 *Jede Arbeit ist wichtig. Begründe! Du kannst noch von anderen Arbeitsstätten und Berufen erzählen.*

6 *Nenne oder male zu den Fotos passende Berufe!*

7 *Arbeitsstätten und Berufe verändern sich.*
- *Sammelt dazu Fotos aus Zeitschriften und Zeitungen!*
- *Klebt sie geordnet in ein Heft!*
- *Befragt dazu eure Familien! Ihre Geschichten könnt ihr der Klasse vortragen.*

Bei der Polizei entdeckt

1 *Wonach wird der Polizist Maria noch gefragt haben? Erkundet, was nach einer Anzeige geschieht!*

2 *Erzähle zu den Bildern von den Aufgaben der Polizei!*

3 *Sammelt Beispiele dafür, wie jeder der Polizei bei der Arbeit helfen kann!*

Marias Fahrrad ist weg. Einfach geklaut. Als sie zu Hause ihr Missgeschick erzählt, fragt der Vater:
„Hattest du das Fahrrad auch richtig angeschlossen?"
„Ja, ja!", Maria weiß es genau.
„Dann werden wir eine Anzeige machen müssen."
Der Polizist, der die Anzeige aufnimmt, will alles wissen:
„Wo hat das Fahrrad gestanden? Hast du es noch gesucht? Zeig bitte mal den Fahrradpass!" …
Maria schwirrt der Kopf. Neugierig fragt sie: „Wozu braucht die Polizei denn so viele Angaben?"

Polizei-Notruf **110**

Maria liest nun öfter, was sie in Zeitungen über die Arbeit der Polizei findet. Sie staunt, wie viele Aufgaben sie hat.

50

In der Gärtnerei

Alexander isst gern Erdbeeren. Seine Familie kauft sie auf dem Markt, bei Herrn Lenz. Die schmecken besonders gut.
Alexander fragt: „Wo kommen denn die Erdbeeren her?"
„Aus meiner Gärtnerei", sagt Herr Lenz.
„Und wieso gibt es sie schon im Mai?"
„Schau es dir doch selbst an – und bringe deine Klasse gleich mit!"
Die Kinder besuchen die Gärtnerei. Sie sehen sich um, fotografieren, zeichnen und stellen viele Fragen.
Später wollen sie in der Schule von ihrem Besuch berichten.

1 *Erkundet: Welche Pflanzen werden noch in Gewächshäusern gezogen?*

Im Gewächshaus entdeckt Alexander „seine" Erdbeeren.

Einige Sorten wachsen auch im Freiland.

Am Ende solcher Ausläufer wurzeln neue Pflanzen.

Spaten, Grubber, Harke, Gießkanne, Pflanzholz, Hacke

Zur Pflege nutzen die Gärtner viele Geräte.
Erdbeeren brauchen genügend Wasser und werden deshalb regelmäßig gegossen.
Zur Erntezeit werden sie gepflückt, in Körbe oder Körbchen gelegt und frisch zum Markt gefahren.

2 *Nenne Arbeiten, die ein Gärtner ausführt! Male Bilder dazu!*

Etwas für die Gesundheit tun

Wie ich mich gesund halte

Und du?
Sandra

Gesund bleiben – Tipps und Tricks

1 *So oder ähnlich könnt ihr einen Wandfries gestalten.*

So fragt ihr Kinder, wie sie am besten schlafen:
Laura und Toni

– Nach wie vielen Stunden bist du ausgeschlafen?
– Schläfst du besser
• auf weichen oder harten Matratzen?
• bei geschlossenem oder offenem Fenster?
– Wie schläfst du, wenn du
• vorher einen gruseligen Film gesehen hast?
• Kummer hast?
• vorher warm duschst?
• dich vorher austobst?

So schlafen viele Kinder unserer Klasse am besten.
Unsere Tipps:
– 8-10 Stunden täglich
– …

Tu etwas für deine Zähne!

Zahnbelag greift die Zähne an.   Besonders Zucker schadet.

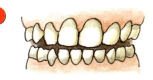 

A Nach jedem Essen entsteht schädlicher Zahnbelag. Du schützt deine Zähne, indem du …

Eine neue Zahnbürste   Eine alte Zahnbürste

B Ersetze deine alte Zahnbürste durch eine neue, wenn …

Ein kleines Loch ist im Zahn.   Nach 3 Monaten sieht es so aus. Der Zahn schmerzt.

C Lässt sich Karies verhindern? Mein Vorschlag …

Hängt eure Tipps zu A, B und C an die Pinnwand! Wir sammeln sie.

Patrick und Janine

Für meine Freundin Jule

Ein hübsches Mädchen ist die Jule,
sie geht auch gerne in die Schule,
nur eines finden alle schlecht:
dass Jule sich nicht wäscht.
Sieht man sie kommen heißt es: mh,
hört man sie reden, heißt es: ah,
doch riecht man sie, dann heißt es: ih,
denn Jule wäscht sich nie …

Da ist 'ne gute Fee gekommen,
hat Jule an die Hand genommen
und sprach zur Jule: „Sei kein Schwein,
steig in die Badewanne rein!"
Sie riecht die Seife und denkt: mh,
sie wäscht sich richtig sauber: oh,
sie riecht sich selber und sagt: „Ei,
jetzt ist die Schweinerei vorbei!"

Achtung Malwettbewerb!
Meine Freundin Jule • wie sie zuerst aussah,
 • wie sie jetzt aussieht.

Tipps für Jule zum
- Waschen
- Kämmen
- Zähneputzen
- Spielen in der Sonne
- Reinigen der Finger- und Fußnägel
- Pflegen der Haut

Wer hat die besten Tipps für Jule?
Zum Waschen …
Anne

Für jeden Tag das Richtige – Meine Idee
Wir entwerfen Kleidung für jedes Wetter:
Nach der Wettervorhersage überlegt jeder, was er morgen
anziehen würde und entwirft dafür ein Modell – für draußen
und drinnen. Am nächsten Tag bewerten wir
gemeinsam alle Modelle.   *Clara*

Wettervorhersage:
kühl und wechselnd,
meist stark bewölkt,
gelegentlich Schauer,
Höchsttemperatur: 14°C,
mäßiger Westwind.

Wettervorhersage:
sehr heiß und trocken,
wolkenlos,
kein Niederschlag,
Höchsttemperatur: 30°C,
schwacher Wind aus Ost.

So verbringt Bianca einen Tag

1 Bei einigen Tätigkeiten strengt sich Bianca mehr körperlich an, bei anderen muss sie mehr überlegen und nachdenken.
Warum ist beides wichtig?

2 Wie erholt sich Bianca? Beurteile, wie sie ihre Freizeit einteilt!

3 Vergleiche ihren Tagesablauf mit deinem! Was würdest du in deinem Tagesablauf noch verändern?

55

Mit den Sinnen die Umwelt entdecken

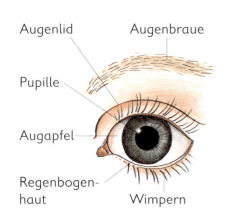

Alles, was um uns herum geschieht, nehmen wir mit unseren 5 Sinnesorganen wahr. Manches sehen oder hören wir, anderes fühlen, riechen oder schmecken wir.
Jedes Sinnesorgan hat seine Aufgaben.

Mit unseren Augen sehen wir
Farben: eine bunte Wiese, den grünen Wald,
Größen: einen winzigen Brotkrümel, einen Berg,
Bewegungen: einen fahrenden Zug, einen haltenden Bus,
Nähe und Ferne: das Buch beim Lesen, ein Flugzeug am Himmel.

1 *Ergänze weitere Beispiele!*

2 *Seht euch in die Augen: Benennt alle Teile und Farben!*

Unsere Augen sind sehr empfindlich. Sie liegen geschützt in den Augenhöhlen. Außerdem können sie sich selbst schützen.

3 *Erklärt, wie eure Augen bei diesen Versuchen reagieren!*

4 *Benenne Gefahren für deine Augen! Ordne die Brillen zu!*

Bei manchen Tätigkeiten schützen wir die Augen zusätzlich.

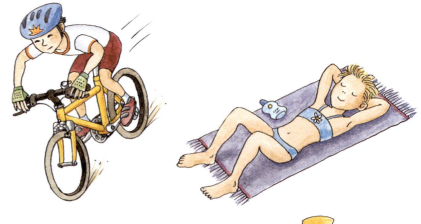

5 *Manches Kind trägt ständig eine Brille. Erfrage den Grund! Sprich auch über dieses Zeichen!*

Mit unseren Ohren hören wir

Wir hören unterschiedlich leise oder laute Geräusche, Töne, Laute, Klänge: Blöken, Flöten, Kläffen, Kratzen, Knistern, Rascheln, Schreien, Summen, Trillern, Zischen, …

Wir nehmen wahr, aus welcher Richtung Geräusche, Töne, Laute oder Klänge kommen: von oben, von hinten, aus der Tiefe, von allen Seiten …

1 *Findet noch Beispiele für das, was unsere Ohren können!*

2 *Sieh die Bilder an! Was bringt Geräusche, Laute, Töne hervor? Du kannst sie benennen oder nachahmen. Welche sind dir angenehm, welche unangenehm?*

Die Ohrmuschel fängt wie ein Trichter Laute und Geräusche auf und leitet sie in den Gehörgang. An dessen Ende bringen sie das Trommelfell zum Schwingen.
Dieses dünne Häutchen überträgt die Schwingungen ins Innenohr. Dort erst werden die hohen und tiefen Töne wahrgenommen und an das Gehirn weitergeleitet.
In den Ohren befindet sich auch das Gleichgewichtsorgan. Alle empfindlichen Teile des Ohres liegen im Innern.

3 *Sprich darüber, wie du deine Ohren pflegst und schützt!*

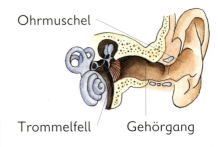

Ohrmuschel

Trommelfell   Gehörgang

Manche Kinder können fast nichts hören und nicht sprechen.

4 *Beschreibe, wie diese Kinder lernen!*

1 Überlege, wie es Maria gelingt, die anderen wiederzuerkennen!

2 👤🖐 Ein Kind verbindet sich die Augen. Es erfühlt oder ertastet! Das andere wählt Dinge aus:

3 Koste mit verbundenen Augen einige Nahrungsmittel! Halte dir dabei auch einmal die Nase zu!

4 Überlege! Was könnte noch so riechen?

5 Erzähle, wovor deine Nase dich schon gewarnt hat!

Mit unserer Haut fühlen wir

Beim Spiel „Blinde Kuh" versucht Maria, die anderen Kinder mit verbundenen Augen zu erkennen.

Mit der Haut empfinden wir: Wärme, Kälte, Schmerz. Wir spüren selbst feinste Berührungen.

Mit unserer Zunge schmecken und sprechen wir

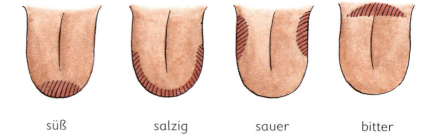

süß | salzig | sauer | bitter

Mit unserer Nase riechen wir

Wir nehmen mit ihr unterschiedliche Gerüche wahr, zum Beispiel:

würzig | blumig | säuerlich | faulig

Unsere Nase warnt uns auch vor Gefahren.
Das kann sie auch: Beim Einatmen der Luft fangen kleine Härchen den Staub auf. Kalte Atemluft wird angewärmt.

Mit allen Sinnen

Tobias: Heute hatte ich meinen Pechtag. Irgendwie lief alles schief.

Schon in der Schule …

Ich hab doch geklingelt.

Später auf der Straße …

Ih, der Kakao ist ja sauer! Mir wird schlecht.

Schließlich auf dem Spielplatz …

Der Pudding ist ja salzig!

Dann zu Hause …

Mit verbundenen Augen
- Baue möglichst viele Würfel übereinander! Wie viele schaffst du?

Leise, leise
- Einer stellt fünf Teller übereinander. Der andere lauscht auf jedes Geräusch.
- Wer kann es leiser?

Achte auf das Klingeln!
- Stellt euch im Kreis auf!
- Ein Spieler klingelt plötzlich mit einer Fahrradklingel, sofort wirft ein anderer den Ball einem Spieler zu.
- Fängt der den Ball, wirft er ihn beim nächsten Klingeln, wenn nicht, scheidet er aus.
- Wer bleibt übrig?

1 *Erzähle, was Tobias passiert ist!*

2 *Berate Tobias, was er anders machen könnte!*

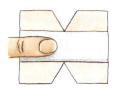

1 *Vorbeugen ist besser als heilen. Wie kannst du einen Sonnenbrand vermeiden?*

So kannst du dir und anderen helfen

Kleine Schnitt- und Schürfwunden
- die Wunde mit Pflaster oder Mullverband abdecken
- die Mullauflage möglichst mit der Pinzette auflegen

Sonnenbrand
- mit einem feuchten Tuch kühlen
- kalt duschen

Leichte Verbrennungen und Verbrühungen
- verbrannte oder verbrühte Stelle sofort unter fließendes Wasser halten (15 Minuten)

Insektenstiche
- kalte Umschläge, Zwiebelscheiben auflegen
- bei Stichen in den Mund oder in die Atemwege Eiswürfel lutschen oder langsam kaltes Wasser trinken Sofort zum Arzt gehen!

Nasenbluten
- den Kopf leicht nach vorn beugen
- den blutenden Nasenflügel zudrücken
- einen kalten Umschlag in den Nacken legen

Wichtig!
Berühre keine Wunden! Zeige jede Wunde deinen Eltern oder einem Erwachsenen!

Diese **Notrufe** kannst du kostenlos nutzen.

Feuerwehr   **112**
Polizei   **110**

Mit diesem Zubehör kannst du dir und anderen helfen. Ist das nicht möglich, nutze die **Notrufe**! Sage deutlich:

- was geschah,
- wie viele Verletzte,
- wo es geschah,
- welche Verletzungen!

Warte auf Rückfragen!

2 *Übt im Rollenspiel:*
- *erste Hilfe zu geben,*
- *ein Gespräch mit der Polizei oder der Feuerwehr!*

Unser Körper braucht Nahrung

Es ist erstaunlich, was unser Körper täglich leistet. Doch nichts geht ohne Nahrung. Wir brauchen Nährstoffe und Flüssigkeit – damit wir uns bewegen und nachdenken können, damit unser Herz schlägt. Unser Körper muss Knochen und Zähne aufbauen sowie Krankheiten abwehren. Nicht jedes Nahrungsmittel aber enthält alle Nährstoffe, die unser Körper täglich braucht. Deshalb essen und trinken wir unterschiedliche Lebensmittel.

1 Beschreibe, was dein Körper noch alles leisten muss!

2 Täglich braucht ihr Nahrungsmittel aus diesen vier Gruppen. Schreibt Speisepläne für einen Tag auf! Diskutiert alle Pläne!

3 Ordne in:
- pflanzliche Nahrungsmittel,
- tierische Nahrungsmittel!

4 Schreibe auch heraus:
- Milchprodukte,
- Getreideprodukte,
- Gemüse!

Essgewohnheiten

Zwischen den Mahlzeiten esse ich oft Äpfel oder Möhren.

Ich esse mich dreimal am Tag so richtig satt. Manchmal hole ich mir noch Pommes.

Ich esse nur, wenn ich Hunger habe.

Ich esse zwischendurch gern Süßigkeiten.

5 Was meinst du zu diesen Essgewohnheiten?

Alles über Milch

1 Erzähle, wie Milch und Milcherzeugnisse zu uns gelangen!

Milch ist ein wertvolles Nahrungsmittel. Schon über 5000 Jahre wird sie genutzt und verarbeitet. Sie enthält fast alle Nährstoffe, die dein Körper braucht.

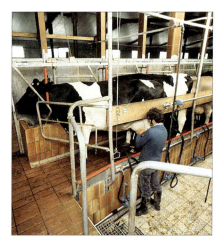

Kühe werden erst gemolken, wenn sie ein Kalb geboren haben.

Mit Milchsammelwagen bringt man die Milch in die Molkerei.

Die Milch wird verarbeitet. Die Erzeugnisse werden verkauft.

Vieles wird aus Milch hergestellt. Daraus könnt ihr schmackhafte Mahlzeiten zaubern.

2 Stellt Milchmahlzeiten zusammen und probiert Milchrezepte aus:
- *für ein Frühstück,*
- *für ein Mittagessen,*
- *für eine Zwischenmahlzeit,*
- *für ein Abendbrot!*

3 Prüfe Verpackungen danach! Wann würdest du Lebensmittel nicht essen?

Auf den Verpackungen findest du wichtige Informationen.

Gewicht — Verbrauchsdatum — Herkunft — Zutaten — Hinweis zur Aufbewahrung — Fettanteil

4 Experiment in der Klasse:
- *ein Glas Frischmilch 24 Stunden an einen warmen Platz stellen,*
- *Ergebnis feststellen.*

5 Frage in deiner Familie, was der Satz bedeutet!

Milch macht müde Männer munter.

Frühstücken macht Spaß

 *Ich brauche morgens mein Frühstück mit Roggenbrötchen und Kakao, weil …*

 *Unsere Familie steht früh auf und frühstückt gemeinsam. Mal gefällt mir das, mal nicht, weil …*

1 *Passt eine Meinung zu dir? Ergänze und begründe sie!*

 *Ich esse morgens immer ein Müsli mit Milch, weil …*

 *Frühstück? Dazu habe ich keine Zeit, weil …*

Das zweite Frühstück esst ihr in der Schule.
Das sind verschiedene Zutaten für ein Frühstück:

1. Beispiel:
Vollkornbrötchen
Kräuterquark
Käsescheiben
Butter
1 Salatblatt
Radieschen
Eierscheiben
Milch
oder Kakao

2. Beispiel:
Haferflocken
oder Cornflakes
Quark
oder Jogurt
1 Apfel
oder 1 Birne
Honig
Früchtetee
oder Apfelsaft

3. Beispiel:
Brötchen
Wurstscheiben
Butter
Schokolade
Kakao
oder Limonade

2 *Wählt Zutaten aus, die ein gesundes Frühstück ergeben! Begründet eure Wahl!*

3 *Erfindet damit eine Mahlzeit und probiert sie aus! Das Rezept könnt ihr aufschreiben.*

So?

So?

Oder so?

4 *Welchen Platz wählst du für dein Frühstück? Begründe!*

Auf der Straße

Täglich als Verkehrsteilnehmer

1 *Ordne zu: Was beachtet Tilo als Fußgänger, was als Radfahrer usw.? Begründe! Du kannst noch ergänzen.*

Fast jeden Tag nimmt Tilo am Straßenverkehr teil. Er ist Fußgänger, Radfahrer, Mitfahrer im Auto, Fahrgast in öffentlichen Verkehrsmitteln. Jedesmal muss er anderes beachten.

möglichst nicht zur Straße hin aussteigen

die Fahrbahn nicht vor Halt betreten

auf Fußgänger achten

sich anschnallen

nicht vor das haltende Fahrzeug treten

zügig ein- und aussteigen

2 *Spielt, wie sich Fußgänger bei Regen, Schnee- und Eisglätte bewegen, was sie bei sich tragen, wie sie gehen …! Was kann da passieren?*

Über diese Kreuzung geht oder fährt Tilo oft. Neulich aber, es regnete heftig, wäre er fast in ein Auto gelaufen.

3 *Warum sind Fußgänger und Radfahrer bei manchem Wetter besonders gefährdet? Wie stellst du dich darauf ein?*

Partner im Straßenverkehr

Auf dem Bild siehst du deine Partner im Straßenverkehr. Von allen gehen Signale aus. Diese zeigen dir bestimmte Absichten an oder warnen dich.

1 Erläutere Signale, die du erkennst!
Welche Zeichen gehen von den Fußgängern aus?

2 Beschreibe, was deine Partner von dir erwarten!

Deine Sinnesorgane, die Augen, die Ohren nehmen Signale im Straßenverkehr auf.
Auch du gibst Signale an andere Verkehrsteilnehmer.

3 Ordne zu: Welche Signale hörst du, welche siehst du …?

Wichtig!

Jeder Verkehrsteilnehmer muss im Straßenverkehr **Regeln** einhalten, damit niemand gefährdet wird oder gar zu Schaden kommt.

4 Werden auf den Bildern die Signale richtig eingesetzt?

5 Was verstehst du unter gegenseitiger Rücksichtnahme im Straßenverkehr?

65

Sehen – Überlegen – Gehen

Diese Verkehrszeichen helfen, sicher über die Straße zu gelangen. Laura muss aber über eine Straße, wo es keinen sicheren Überweg gibt. Sie weiß: Erst sehen – dann gehen.

Sie bleibt an der Fahrbahnkante stehen und sieht mehrmals nach beiden Seiten.

1 *Was beachtet Laura?*

2 *Übt in einer Straße bei euch: Welche Gegenstände sind 20 m, 50 m, 100 m entfernt?*
Überprüft: 2 Schritte entsprechen etwa 1 m!

Laura schätzt Entfernung und Geschwindigkeit der Fahrzeuge ein.

3 *Messt mit der Stoppuhr: Wie viel Zeit brauchen verschiedene Fahrzeuge für diese Entfernungen?*

Laura sieht links Autos, rechts Radfahrer kommen. Wie weit werden sie noch entfernt sein? Fahren sie schnell oder langsam?

Als die Fahrbahn nach links etwa 50 m und nach rechts 100 m frei ist, überquert Laura sie zügig.

4 *Als Laura die Fahrbahnmitte erreicht hat, kommt plötzlich von links ein Auto aus der Nebenstraße. Was wird sie tun?*

Die Straße ist jetzt frei. Erst weiter hinten kommt von links wieder ein Auto.

Radfahren macht Spaß und ist gesund

Sandra fährt gern Fahrrad. Sie sagt: Mit meinem Fahrrad kann ich zur Schule fahren, … In der Freizeit betreibt sie Kunstradsport. Dazu braucht sie ein besonderes Rad.

1 Was kann Sandra noch mit ihrem Fahrrad tun? Beschreibe auch, was daran Spaß macht!

2 Wozu brauchst du dein Fahrrad?

Radfahren will gelernt sein, überhaupt und erst recht im Straßenverkehr.

Radfahren ist gesund. Doch manche Leute sagen auch:

3 Schätze ein, wie gut du schon fahren kannst!

4 Haben diese Leute Recht? Ihr könnt darüber sprechen.

Kinder machen nur Dummheiten mit ihren Fahrrädern!

Diese Radfahrer sind rücksichtslos!

Schlimm, dass immer mehr Unfälle mit Radfahrern passieren.

Radfahrer kann ich nicht leiden. Sie sind eine Gefahr im Straßenverkehr.

Mobil auf Zweirädern

Vor fast 200 Jahren wurden die ersten Zweiräder erfunden. Man konnte sie nur mit eigener Kraft fortbewegen.

Schnelllaufmaschine um 1800   Tretkurbelrad um 1850   Niederrad um 1890

1 *Versuche zu beschreiben, wie man mit solchen Zweirädern fahren konnte!*
Was wollten die Erfinder wohl daran verbessern?

Sie waren aus Holz, später auch aus Eisen und wurden immer wieder verbessert, damit sie leichter, schneller und sicherer fuhren. Heute sind Zweiräder in Museen zu sehen.

2 *Könnte man dein Fahrrad noch verbessern?*
Denke an Gewicht, Pflege, Haltbarkeit, Rostschutz ...
Du kannst deine Ideen zeichnen oder aufschreiben.

Überall in der Welt sind auf den Straßen Fahrräder zu finden. Es gibt doppelt so viele Fahrräder wie Autos. Für Millionen Menschen ist das Fahrrad unentbehrlich – als Transportmittel, als Hauptverkehrsmittel wie in China und Vietnam, für die schnelle Kurierpost, in der Freizeit oder beim Sport.

3 *Ist dein Wohnort fahrradfreundlich?*
Was würdest du ändern?

Liebes Fahrrad ...

Rennrad

Tourenrad

BMX-Rad

Was Kinder mit ihrem Fahrrad erlebt haben:

1 *Toni wünscht sich ein Fahrrad. Welches würde dir am besten gefallen? Wozu kann man es verwenden?*

Als ich vor kurzem über die Dorfstraße fuhr, lagen da doch Scherben! ...

Neulich war ich mit dem Fahrrad unterwegs. Plötzlich sah ich Straßenbahnschienen vor mir ...

Am Montag bin ich mal ohne Fahrradhelm gefahren. Plötzlich ...

Gestern Abend hat mich ein Autofahrer fast übersehen. Aber ich war selbst schuld ...

Laura streitet mit dem Vater, wie sie zur Oma fahren wollen:

Laura: Wir könnten mit dem Fahrrad fahren.	**Vater:** Wir fahren besser mit dem Auto.
Laura: Mit dem Rad sind wir aber an der frischen Luft.	**Vater:** Schon, doch wenn es regnet, werden wir im Auto nicht nass.
Laura: Wir haben doch Regenumhänge. Die Räder brauchen viel weniger Platz.	**Vater:** Dafür können im Auto wir alle vier mitfahren.

2 *Wähle einen Geschichtenanfang aus! Erzähle weiter! Du kannst auch eine selbst erlebte Geschichte beginnen. Dann erzählt ein Kind weiter.*

3 *Welcher Meinung schließt ihr euch an? Setzt das Streitgespräch Laura-Vater fort!*

Ein Fahrrad muss gepflegt werden

Sandras neues Fahrrad quietscht. Dabei reinigt sie es immer von Staub und Schmutz und putzt es mit einem feuchten Schwamm oder einem Lappen. Sie fragt Toni um Rat.

Er sagt: „Du musst dein Fahrrad ab und zu auch schmieren. Du brauchst nur wenige Tropfen Fahrradöl." Er zeigt ihr die Stellen am Rad, wo Teile besonders aneinander reiben.

Ein interessanter Versuch

Du benötigst dazu: 3 Plastikbecher, 9 lange Nägel, Sandpapier, Fahrradöl, Nagellack, Wasser, Salz.

leer

Salzwasser

klares Wasser

So geht ihr vor:
- Nagel 1 mit Sandpapier blank reiben,
- Nagel 2 mit Fahrradöl einfetten,
- Nagel 3 mit Nagellack bestreichen,
- je drei Nägel in die vorbereiteten Becher legen.

Für unterwegs kann die Werkzeugbox deines Fahrrades diese Werkzeuge enthalten:

1 *Betrachte die Nägel*
- *nach einem Tag,*
- *nach einer Woche!*

Wann rostet ein Eisennagel besonders schnell?

2 *Wie heißt dein Tipp für die Fahrradpflege?*

3 *Warum solltest du darauf achten, dass kein Öl in den Erdboden gelangt?*

4 *Überprüfe deine Werkzeugbox am Fahrrad!*

Schraubendreher

Schraubenschlüssel

Schmiermittel

Reservebirnchen

Flickzeug

Tonis neues Fahrrad

Toni hat seit dem Umzug einen längeren Schulweg.
Nun möchte er mit einem Fahrrad zur Schule fahren.
Die Familie informiert sich vor dem Kauf im Fachgeschäft.

1 *Vergleiche beide Räder!
Begründe: Warum ist nur das Tourenrad verkehrssicher?*

1 Lenker	**5** Felgenbremse	**9** Pedalrückstrahler	**12** Reflektor
2 Rollenkette	**6** Rücktrittbremse		**13** Sattel
3 Reifen	**7** Klingel	**10** Rücklicht	**14** Gangschaltung
4 Scheinwerfer	**8** Kettenschutz	**11** Rückstrahler	**15** Gepäckträger

Toni gefällt ein Mountain-Bike.
„Mit diesem Fahrrad darfst du aber nur auf Spielflächen oder im freien Gelände fahren", erklärt die Verkäuferin.
„Mit einem Tourenrad kannst du zur Schule fahren.
Es ist **betriebssicher** und zugleich **verkehrssicher.**"
Toni bekommt ein Tourenrad, weil er schon gut fahren kann und wichtige Verkehrsregeln beherrscht.
Auch einen Fahrradhelm hat er schon. Jetzt braucht er noch ein Sicherheitsschloss.

Eine Fahrradüberprüfung

Toni will sein Fahrrad selbst prüfen.
Einige Mängel hat er entdeckt.

Wichtig!
Als Radfahrer bist du verpflichtet, alle wichtigen Teile deines Fahrrads regelmäßig zu kontrollieren, damit es stets **verkehrs- und betriebssicher** ist.

Sicher im Straßenverkehr

1 *Erkläre mit Hilfe der Abbildung die Begriffe „Vorfahrt" und „Wartepflicht"!*

Im Straßenverkehr fährst du mit dem Fahrrad nur sicher, wenn **alle** die **Verkehrsregeln** einhalten.

Vorfahrt beachten

An Kreuzungen und Einmündungen hat Vorfahrt, wer von rechts kommt. Die anderen Verkehrsteilnehmer warten.

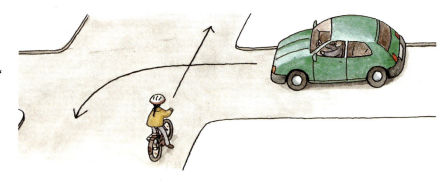

2 *Sucht Kreuzungen und Einmündungen, an denen die „Rechts-vor-links-Regelung" gilt! Legt eine Skizze an!*

Vorfahrtregelung durch Verkehrszeichen

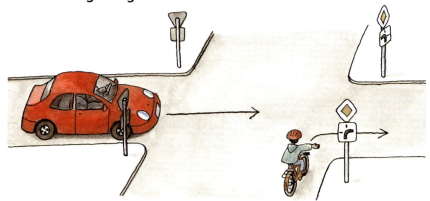

3 *Wie verhältst du dich als Radfahrer, wenn du diese Zeichen siehst?*

Dieses Zeichen bedeutet:

Bei diesen Verkehrszeichen endet die Vorfahrt.

4 *Der Radfahrer ist auf der Vorfahrtstraße. Warum beachtet er den PKW?*

5 *In welcher Reihenfolge dürfen die Fahrzeuge die Kreuzung befahren? Bedenke: Linksabbieger müssen den Gegenverkehr vorbeilassen.*

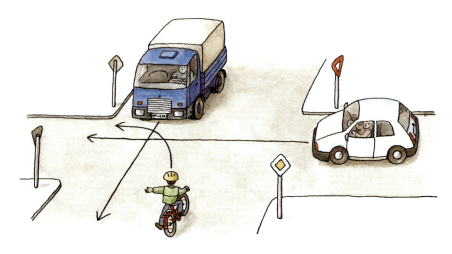

Vorfahrtregelung durch Lichtzeichen

Ist an einer Kreuzung eine Ampel in Betrieb, gilt nur sie. Alle anderen Zeichen sind dann ungültig.

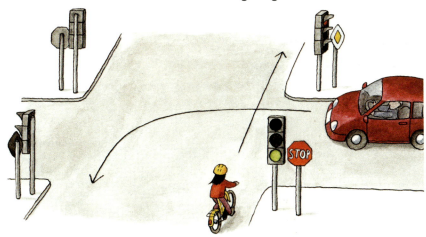

Der Radfahrer fährt vor dem PKW über die Kreuzung, weil die Ampel für ihn „Grün" zeigt, für den PKW „Rot".

Vorfahrtregelung durch Handzeichen

Regelt ein Polizist den Verkehr, sind alle Regelungen durch Verkehrszeichen oder durch Ampeln aufgehoben.

Der Radfahrer und der LKW müssen warten.

Vorfahrtregelung an Wald- oder Feldwegen

Kommst du aus einem Wald- oder Feldweg auf eine feste Straße, dann musst du immer warten und die Vorfahrt beachten.

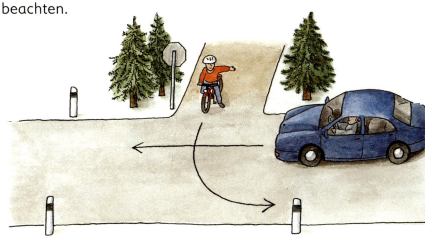

Diese Verkehrszeichen bedeuten:

Radfahrer   verkehrsberuhigter Bereich (Beginn)

getrennter Rad- und Fußweg   gemeinsamer Fuß- und Radweg

Sicher nach rechts und links abbiegen

1 *Erzähle von deinen Fahrten im Straßenverkehr!*

Beim Abbiegen nach rechts oder links musst du besonders aufmerksam und konzentriert fahren. Achte auf die Fahrzeuge vor dir, neben dir, aber auch hinter dir!

Rechtsabbiegen

- soweit wie möglich nach rechts einordnen
- die Richtungsänderung anzeigen
- einen engen Bogen fahren
- auf die Fußgänger achten
- auf Fahrzeuge achten, die von links kommen

2 *Schildere Tonis Erlebnisse! Wie hättest du jeweils reagiert?*

Heute fährt Toni zum ersten Mal mit seinem neuen Fahrrad auf der Straße. So verlief seine Fahrt zur Schule.

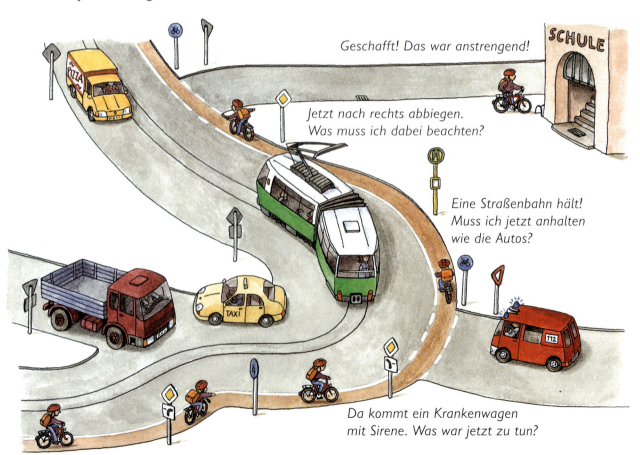

Geschafft! Das war anstrengend!

Jetzt nach rechts abbiegen. Was muss ich dabei beachten?

Eine Straßenbahn hält! Muss ich jetzt anhalten wie die Autos?

Da kommt ein Krankenwagen mit Sirene. Was war jetzt zu tun?

Linksabbiegen

Wenn du dein Fahrrad im geschützten Raum schiebst, kommst du sicher über die Kreuzung.

Nur wer das Radfahren sicher beherrscht, sollte mit seinem Fahrrad auf einer großen Kreuzung nach links abbiegen.

3 *Erläutere diesen Weg! Welche Kreuzungen in deinem Heimatort würdest du so überqueren?*

4 *Erkläre mit Hilfe der Abbildung, wie du nach links abbiegst! Was musst du sicher beherrschen?*

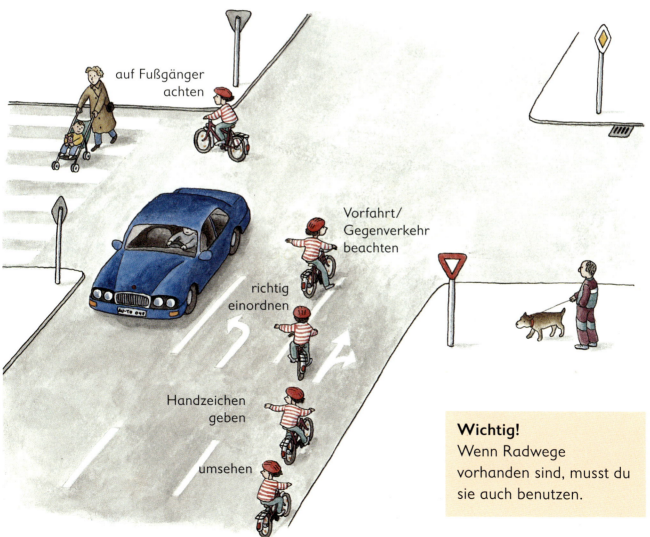

Wichtig!
Wenn Radwege vorhanden sind, musst du sie auch benutzen.

Das Wetter

Das tägliche Wetter

Wie wird das Wetter? So fragten Menschen schon immer und beobachteten Wolken, Regen, Schnee, Wind, Gewitter, Sonnenauf- und Sonnenuntergang. Vieles konnten sie sich früher nicht erklären. So baten sie die Götter um Regen oder Sonne, damit das Getreide wachsen und reifen konnte. Bauern achteten besonders auf das Wetter. Ihre Erfahrungen gaben sie wie eine Wettervorhersage weiter.
Auch im Verhalten der Tiere und in der Entwicklung der Pflanzen glaubten die Menschen zu erkennen, wie das Wetter sich zeigen würde.
So entstanden **Bauern- und Wetterregeln**.

1 *Herbst oder Winter? Was siehst, riechst, fühlst du an einem solchen Tag?*

2 *Sammelt Material über das Wetter und ordnet es! Ihr könnt darüber sprechen und damit eine Pinnwand gestalten.*

3 Prüfe einige Wetterregeln! Treffen sie zu?

Abendrot –
Schön-Wetter-Bot'.
Morgenrot –
Schlecht Wetter droht.

Wenn der Nebel fällt,
sich der Tag erhellt.

4 Sammelt Wetter- und Bauernregeln! Befragt Erwachsene oder sucht in Büchern!

5 Ihr könnt die Regeln nach Monaten ordnen oder damit ein Wetterbuch gestalten.

Der Januar hart und rau
nützet dem Getreidebau.

Ist der Mai kühl und nass,
füllt er dem Bauern Scheun' und Fass.

Wenn der Maulwurf guckt im Januar,
währt der Winter
bis zum Mai wohl gar.

Kalter Dezember mit recht viel Schnee,
wächst im Jahr drauf
viel Frucht und Klee.

Heißer Julisonnenschein
macht die Früchte reif und fein.

Blüht die Eiche vor der Esche,
gibt es eine große Wäsche.

Die heiligen   Der Sieben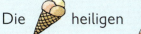

Der 🧓 sommer   Die  skälte

Auch so heißen Wetterregeln im Volksmund. Damit meint man bestimmte Wetterlagen, die fast jedes Jahr auftreten.

6 Errate die Wetterregeln und erkläre sie!

Die vier Jahreszeiten

1 *Erzähle, was du gerade in der Natur beobachten kannst! Was wird sich bald verändern?*

In den Jahreszeiten kannst du beobachten, wie sich die Natur verändert – das Wetter, der Sonnenstand, die Pflanzen und Tiere … Auch wir Menschen verändern unser Verhalten.

2 *Malt in vier Bildern, was sich in den Jahreszeiten verändert!*

Maler Frühling

Der Frühling ist ein Maler,
er malt alles an:
die Berge mit den Wäldern,
die Täler mit den Feldern.
Was der noch malen kann.

Hoffmann von Fallersleben

3 *Magst du eine Jahreszeit besonders gern? Begründe! Du kannst diese Jahreszeit mit Bildern, Gedichten und Liedern vorstellen.*

Zeichen für dein Wettertagebuch

⚡ **Gewitter**

≡ **Nebel**

Der Tagbogen der Sonne

Im Osten geht die Sonne auf.
Im Süden ist ihr Mittagslauf.
Im Norden ist sie nie zu sehn.
Im Westen muss sie untergehn.

Verfolgst du den Weg der Sonne am Himmel einen Tag lang – von Sonnenaufgang bis Sonnenuntergang –, so scheint es, als würde sie in einem Bogen darüber ziehen. Man nennt das Tagbogen. Tagbögen sind in den Jahreszeiten unterschiedlich.

1 Versuche zu erklären, weshalb der Weg der Sonne wie ein Bogen erscheint!

21. März — Frühlingsanfang

2 Beobachtet den Sonnenstand zu verschiedenen Tageszeiten und zeichnet ihn auf! Wählt immer den gleichen Standpunkt!

21. Juni — Sommeranfang

Im Sommer scheint die Sonne länger als in anderen Jahreszeiten. Mittags steht sie höher. Deshalb wird die Erde auch stärker erwärmt.

3 Im Herbst … Ergänze!

23. September — Herbstanfang

4 Notiert euch zu jedem Tagbogen:
- das Datum – die Jahreszeit,
- welche besonderen Tage es sind,
- die Zeiten von Sonnenauf- und Sonnenuntergang,
- die Tageslänge …!
Nun könnt ihr vergleichen.

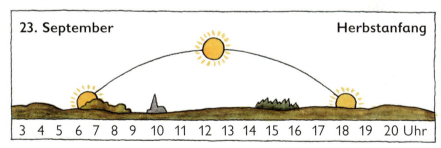

21. Dezember — Winteranfang

5 Versucht zu erklären, wie Jahreszeiten und Tagbögen der Sonne zusammenhängen!

Thermometer kennen – Temperaturen messen

1 *Für Messungen benutzt ihr unterschiedliche Thermometer. Ihr könnt dazu eine Ausstellung gestalten.*

2 *Welche Informationen liest du von diesen Thermometern ab?*

Wir nutzen verschiedene Thermometer, um Temperaturen zu messen – im Zimmer, im Freien und zu anderen Zwecken. Von Anders Celsius stammt die Skala der Thermometer.

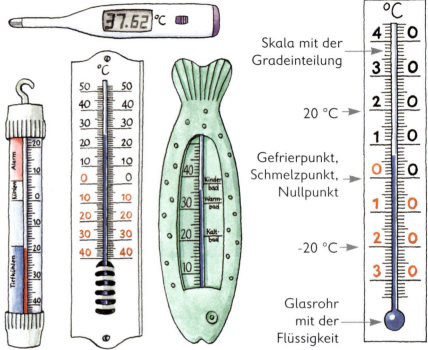

Anders Celsius

3 *Über Anders Celsius kannst du im Lexikon nachlesen.*

4 *Legt für jede Jahreszeit eine Tabelle an (Woche, Tag, Uhrzeit, Temperatur)! Messt eine Woche lang täglich zur gleichen Zeit und tragt ein!*

So funktioniert ein Thermometer:
Eine Flüssigkeit steigt im Glasrohr bei Erwärmung nach oben, bei Abkühlung sinkt sie nach unten. Hinter dem Glasrohr befindet sich eine Gradeinteilung (Skala). Jeder Strich bedeutet 1 Grad.

So liest du Temperaturen ab:
- den Nullpunkt suchen,
- feststellen, ob sich der obere Rand der Flüssigkeit darüber oder darunter befindet,
- ablesen: Die Gradeinteilung 20 über dem Nullpunkt bedeutet plus 20 Grad Celsius. Du schreibst: 20°C.
- Die Gradeinteilung 20 unter dem Nullpunkt bedeutet minus 20 Grad Celsius. Du schreibst -20°C.

Wichtig!
Bringt das Thermometer bei Messungen 2 m über der Erde im Schatten an! Schützt es vor Zugluft und Nässe!

Wolken beobachten – die Bewölkung aufzeichnen

Auch Wolkenformen sind Wetterboten.

Haufenwolken:
Diese weißen Wolken zeigen meist schönes Wetter an.

Schäfchenwolken:
Bedecken sie den Himmel, ist oft Regen zu erwarten.

Federwolken:
Sie schweben in großer Höhe wie Schleier. Das Wetter wird wechselhaft.

Gewitterwolken:
Sie steigen mächtig und dunkel in den Himmel. Ein Gewitter droht – Blitz, Donner, Regen oder Hagel.

So entstehen Wolken: Wasser aus Gewässern, Pflanzen und anderem verdunstet in die Luft. Es ist dann unsichtbar, man nennt es Wasserdampf. Warme Luft nimmt mehr Wasser auf als kalte. Luft, die in die Höhe steigt, kühlt sich wieder ab. Dabei wird ein Teil des Wasserdampfes wieder zu Wassertropfen oder Eiskristallen. Wir sehen Wolken am Himmel.

1 *Beobachte Haufenwolken! Erzähle Geschichten aus dem „Wolkenkino"!*

2 *Welche Anzeichen für eine Wetteränderung kennst du?*

3 *Zeichne eine Woche lang täglich die Bewölkung auf! Benenne Datum und Uhrzeit! Vergleiche deine Tabelle mit Wetterberichten in Zeitungen und im Fernsehen!*

Zeichen für dein Wettertagebuch

wolkenlos
Der Himmel ist blau oder sternklar.

heiter
Wenige Wolken sind zu sehen.

wolkig
Klarer Himmel und Wolken sind etwa gleich verteilt.

stark bewölkt
Die Wolken bedecken fast den gesamten Himmel.

bedeckt
Die Wolken bedecken völlig den Himmel.

Wir erkennen Niederschläge

1 *Regen, Schnee, Graupel, Hagel, Tau und Reif sind Niederschläge. Beschreibe: Wie sehen sie aus? Hörst du sie fallen? Wie fühlen sie sich an?*

Zeichen für dein Wettertagebuch

 Regen

 Schnee

 Tau

 Hagel

⌊⌋ **Reif**

Regen/Schnee: In den Wolken bewegen sich winzige Wassertröpfchen oder Eisteilchen. Beim Zusammenstoßen verbinden sie sich. Sie werden größer und schwerer. Schließlich fallen sie zur Erde. Es regnet.
In großer Höhe ist es kalt. Dort bilden sich sechsstrahlige Schneekristalle und daraus Schneeflocken. Schnee fällt aber nur zur Erde, wenn Temperaturen unter 0°C herrschen.

Graupel/Hagel: Diese undurchsichtigen Eisstücke bilden sich oft in einer Gewitterwolke.
Oben in der Wolke ist es so kalt, dass Eisteilchen entstehen. Sie backen zusammen und fallen herab. Dabei frieren noch Wassertröpfchen an und kleine Graupeln bilden sich.
Reißt der Wind die Graupeln in der Wolke mehrmals hinauf und hinab, dann vereisen sie zu größeren Eiskörnern, dem Hagel. Im Frühjahr künden Graupeln oft Tauwetter an.

Tau: Das sind Wassertröpfchen, die sich an Pflanzen und Gegenständen absetzen, wenn nachts die Luft abkühlt.
Reif: Das ist ein weißer Belag auf Pflanzen und am Boden, wenn sich unter 0°C aus Wasserdampf Eiskristalle bilden.

Woher der Wind weht

Wind ist Luft, die sich bewegt. Wenn zum Beispiel die Sonne Luft erwärmt, steigt diese auf. Kühlere Luft strömt an ihre Stelle, wir spüren dann: Wind weht.
Von überall her kommt Wind zu uns. Er bringt Kälte oder Wärme mit, Wolken und Niederschläge, trockenes oder feuchtes Wetter.
Wind verbreitet auch Pflanzensamen und Blütenstaub.
Die Windrichtung zeigt dir der Wetterhahn an. Sein Schnabel dreht sich immer dorthin, woher der Wind bläst. Für deinen Wetterbericht kannst du sie mit dem Kompass bestimmen.
So findest du sie, wenn du die Himmelsrichtungen kennst:

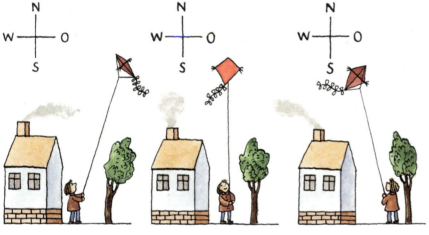

Westwind
weht von West nach Ost.

Nordwind
weht von Nord nach Süd.

Südostwind
weht von Südost nach Nordwest.

1 *Wind ist eine erfrischende Brise, ein eisiger Sturm, … Erzähle oder male, wie du ihn schon erlebt hast!*

Zeichen
für dein Wettertagebuch
(Windrichtung, Windstärken)

windstill

o

Rauch steigt gerade empor, Zweige und Wäsche bewegen sich nicht.

schwacher Wind aus Ost

Blätter, dünne Zweige und Wäsche bewegen sich leicht.

mäßiger Wind aus Süd

Äste bewegen sich, Wäsche flattert, Staub wirbelt auf.

starker Wind aus West

Bäume bewegen sich, Blätter und Gegenstände wirbeln empor.

Sturm aus Südwest

Äste und Zweige brechen ab, Ziegel fallen von den Dächern.

Orkan aus Nordwest

Bäume werden entwurzelt, Dächer werden abgetragen.

Wettertabelle und Wetterbericht

1 *Schlagt vor, wie ihr Temperaturen für eure Wettertabelle messen wollt:*
- an wie vielen Tagen,
- um welche Zeit täglich,
- mit welchem Thermometer,
- an welchem Platz.

Woher nehmt ihr die Angaben für Bewölkung, Niederschlag, Windrichtung …?

2 *Führt in jeder Jahreszeit eine solche Wettertabelle!*

So könnt ihr einen Windmesser bauen.

1 gebogener starker Draht

2 Windfahne aus Plastik oder dünnem Blech mit Einteilungen für die Windstärke (0, 1, 2, 3)

3 Tischtennisball mit Faden

4 Holzstab, Windrose

So könnt ihr die Regenmenge messen.

21.9.	22.9.	23.9.	24.9.
3 mm	–	7 mm	5 mm

Werte die Tabelle von Theresa und Tobias aus, zum Beispiel:
– Welcher war der wärmste, welcher der kälteste Tag?
– Weshalb mussten an einem Tag alle sehr wachsam sein?

Datum	2.4.	3.4.	4.4.	5.4.	6.4.
Temperatur	2°C	5°C	10°C	9°C	8°C
Bewölkung	●	●	◐	◓	○
Niederschläge	⊘ ✳	⊘	⊘	–	
Windrichtung Windstärke					
Sonnenaufgang	5.55	5.53	5.50	5.48	5.46
Sonnenuntergang	18.57	18.59	19.00	19.02	19.04

3 *Stelle noch mehr Fragen! Schreibe einen Wetterbericht!*

4 *Welches Wetter wünschst du dir für morgen? Schreibe es so wie Sarah auf!*

Sarahs Wandertag war im …
Ihr Wunschwetter: …

Sarahs Wunschwetter für den Wandertag

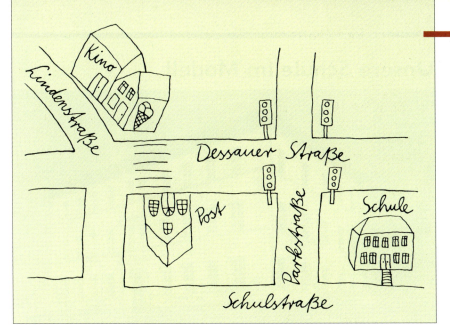

Mit Karten unterwegs

Mit Karten finden wir uns leicht zurecht

Igor fragt Anne nach dem Weg zum Kino. Sie erklärt: „Von der Schule läufst du nach rechts bis zur Parkstraße, gehst bis zur Ampel, überquerst die Dessauer Straße und gehst nach links bis zur Lindenstraße gegenüber der Post. Die gehst du entlang bis zum Eisladen. Der Kinoeingang ist links neben dem Eisladen." Igor stöhnt: „Geht das nicht einfacher?" „Klar!", sagt Anne. Sie zeichnet eine Wegeskizze.

Um kurze Strecken zu übersehen reicht eine Skizze. In einem Ort, einer Stadt oder im Gelände findet ihr euch mit Wanderkarten, Stadtplänen oder dem Kompass zurecht.

Mit dem Kompass könnt ihr im freien Gelände Himmelsrichtungen bestimmen.

1 *Findet Igor mit dieser Skizze den Weg leichter? Begründe deine Meinung!*

Stellring mit Windrose

Kompass   Magnetnadel

Die **Windrose** benennt:	
Haupthimmelsrichtungen	Nebenhimmelsrichtungen
N ➡ Norden	NO ➡ Nordosten
O ➡ Osten	NW ➡ Nordwesten
S ➡ Süden	SO ➡ Südosten
W ➡ Westen	SW ➡ Südwesten

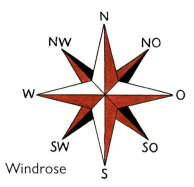

Windrose

Wollt ihr erfahren, in welche Richtung ihr geht?

- Dreht den Stellring so, dass das **N** und das kleine Dreieck auf dem Gehäuse übereinstimmen!
- Dreht dann den Kompass so lange, bis die gefärbte Spitze der Magnetnadel auf das **N** zeigt!
- Lest die Himmelsrichtung auf dem Stellring ab!

2 *Zeichne eine Windrose!*

3 *Bestimmt Himmelsrichtungen auch ohne Kompass!*

Unsere Schule im Modell

1 *Erkläre die Ideen der Kinder! Wozu brauchen sie Kompass und Bandmaß?*

Drei Kinder betrachten ihre Schule.
Tobias: „Unsere Schule sieht ganz gerade aus."
Sarah: „Aber nur vorn. Hinten sind Mauern zurückgesetzt."
Mai Lan: „Wie sie wohl von oben aussieht?"
Tobias: „Da musst du fliegen."
Sarah: „Oder die Schule muss so klein wie mein Puppenhaus sein, dann könnten wir von oben draufgucken."
Tobias: „Wollen wir unser Schulgelände als Modell bauen?"
Sarah: „Toll, und wie geht das?"
Viele Kinder in der Klasse haben dazu Ideen.

> Zum Schulgelände gehören das Schulhaus, die Turnhalle, Wege …

> Das Modell ist viel kleiner. 10 m Hauswand könnten zum Beispiel 10 cm im Modell sein.

2 👥 *Beschreibt, wie ihr beim Modellbau vorgeht!*
- Zuerst messen oder schätzen wir die Größen der Gebäude und Flächen.
- Danach …

> **Wichtig!**
> In einem **Modell** sind Gebäude, Wege und Anlagen viel **kleiner** dargestellt. Ein Modell ist auch **vereinfacht**, viele Einzelheiten sind nicht mehr zu erkennen.

Vom Modell zum Plan

Die Kinder setzen alle Teile so auf eine Pappe, wie sie in der Wirklichkeit zueinander liegen. Das Modell zeigt das Schulgrundstück, nur kleiner und einfacher.

Mai Lan: „Nun kann ich es mir von oben ansehen. Das sieht aus, als wäre alles eben und aufgemalt."
Sarah: „Ja, wir malen ab, wie es von oben aussieht, dann haben wir einen Plan des Schulgrundstücks."
Tobias: „Wenn wir mit dem Bleistift auf der Pappe alle Modelle umfahren, ist unser Plan noch genauer. Danach nehmen wir die Modelle weg und ihre Grundflächen bleiben übrig."
Sarah: „Und woher weiß ich, wo im Plan die Turnhalle steht?"

Wichtig!
Umfahren wir mit dem Stift einen Gegenstand, erhalten wir seinen **Grundriss** (seine Grundfläche). Auf einem **Plan** sind Wege, Gebäude, Anlagen und Bäume **verkleinert**, **vereinfacht**, **verebnet** und **in der richtigen Lage** dargestellt.

So sieht das Modell des Schulgrundstücks aus.

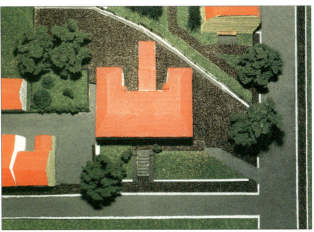
Das ist die Draufsicht auf das Modell.

Das ist der Plan des Schulgrundstücks.

Legende

Gebäude

Grünfläche

Hoffläche

Straße

Baum

N

Wichtig!
Um im Plan Gebäude, Wege und Flächen wieder zu erkennen, verwendet man Farben und Zeichen. Eine **Legende** erklärt sie.

1 Unterscheide Modell, Grundriss und Plan!

2 Zeige auf dem Plan das Schulgebäude und Straßen!

Der Plan eines Ortes – der Ortsplan

1 Zeige das Schulgrundstück von Seite 87 auf dem Plan!

Legende

- Straße
- Weg
- Fluss mit Brücke
- Gebäude
- Park
- Kirche mit Friedhof
- Arztpraxis
- Gaststätte
- Denkmal
- Post
- Hotel
- Kino

0 50 100 150 200 250 300 m

2 Vergleiche den Plan des Ortes mit dem des Schulgrundstücks! Was ist außerdem in den Ortsplan eingezeichnet?

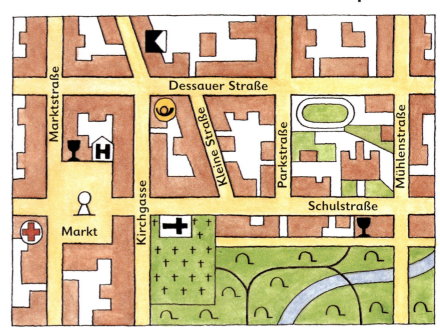

Der Plan des Ortes umfasst ein größeres Gebiet als der Plan des Schulgrundstücks.
Er zeigt auch alle Straßen, Plätze und Gebäude in ihren Grundrissen. Eine Legende erklärt die Zeichen.

Bei Wanderungen in fremden Orten helfen euch ein Ortsplan mit der Umgebung des Ortes sowie ein Kompass. Wollt ihr nach der Karte wandern, muss der Norden (der obere Rand) auf dem Plan mit der Nordrichtung im Gelände übereinstimmen. Deshalb muss der Plan **eingenordet** sein. Das könnt ihr mit dem Kompass tun.

Der Kompass wird geöffnet. Das kleine Dreieck auf dem Kompassgehäuse muss mit dem **N** auf dem Stellring übereinstimmen.

Der Ortsplan liegt auf einer ebenen Fläche.
Die Anlegekante des Kompasses wird an den linken Rand des Ortsplanes angelegt.

Den Ortsplan dreht man mit dem aufliegenden Kompass so lange, bis die Nordspitze der Magnetnadel mit dem **N** auf dem Stellring übereinstimmt.

Ortspläne verändern sich

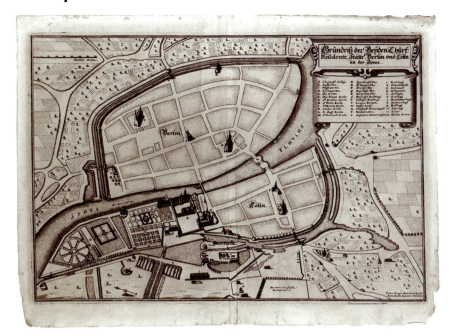

Dieser Stadtplan von 1653 zeigt den Grundriss der beiden Kurfürstlichen Städte Berlin und Cölln.

Damals lebten in den Städten auf beiden Seiten der Spree etwa 6000 Einwohner.
Ringsherum gab es viele Dörfer, zum Beispiel Lichtenberg, Pankow, Wedding, Weißensee und Wilmersdorf.

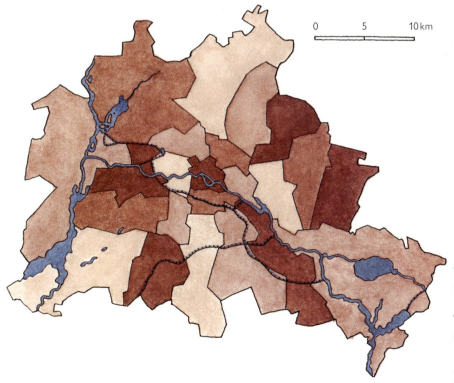

1987 wurde Berlin 750 Jahre alt. Die große Stadt ist heute Hauptstadt der Bundesrepublik Deutschland.
Sie hat 23 Bezirke und über 3 Millionen Einwohner.

1 Vergleiche beide Pläne! Wo könnte die oben abgebildete Doppelstadt liegen?

2 Seht euch alte Karten eurer Kreisstadt an und vergleicht mit einer aktuellen Karte! Was stellt ihr fest?

Wir „lesen" Pläne und Karten

Es gibt verschiedene Pläne und Karten – Ortspläne, Stadtpläne, Wanderkarten, Wirtschafts- und Geschichtskarten ...
Sie enthalten Zeichen, farbige Flächen und Linien.
Damit man sie lesen kann, hat jede Karte ihre eigene **Legende**.

Legende:

- Freiflächen
- Ackerland
- Nadelwald
- Laubwald
- Siedlung
- See
- Autobahn
- Bundesstraße
- Wichtige Nebenstraße
- Weg
- Bahnlinie mit Bahnhof
- Fluss mit Richtungspfeil

Orte:
SCHÖNBERG
5000 bis 10 000 Einwohner

NEUDORF
2000 bis 5000 Einwohner

Waldhausen
500 bis 1000 Einwohner

Ortsteile:
Neustall
100 bis 500 Einwohner

SCHÖNBERG Kreisstadt

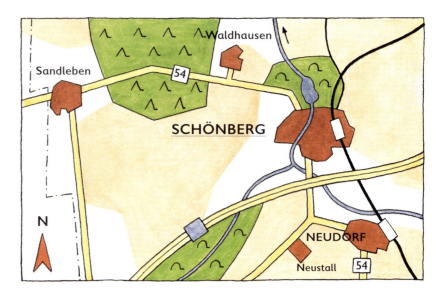

Diese Karte zeigt ein größeres Gebiet. Du kannst ablesen:

⇨ In welcher Richtung von Schönberg aus Neudorf und Waldhausen liegen.

⇨ Wie viele Kilometer Neudorf von Schönberg entfernt ist:

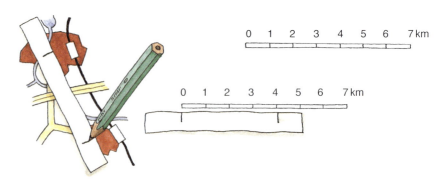

⇨ Wie die Lage von Neudorf genauer ist: Neudorf liegt im ... von Schönberg in einer Entfernung von ... km.

⇨ Wie man die Lage Neudorfs noch kennzeichnen kann: Dazu beachtest du die Bundesstraße, die Bahnlinie, den Flusslauf, die Autobahn.

⇨ Welche Siedlungen es gibt: Dazu nutzt du die Legende und ordnest die Siedlungen nach der Einwohnerzahl.

1 Versuche alle wichtigen Informationen aus der Karte herauszulesen!

Wie auf Karten Höhen dargestellt sind

Eine Karte sagt nicht nur etwas über die Lage von Nachbarorten, sondern auch über den Verlauf von Bächen, Flüssen und wichtigen Verkehrswegen.

In viele Karten sind auch **Höhenangaben**, **Höhenlinien** und **Höhenschichten** eingezeichnet.
Sie helfen dir, das Aussehen eines Gebietes zu erkennen und zu beschreiben.
Die Höhen sind auf der Karte durch eine Zahl angegeben und beziehen sich immer auf den Meeresspiegel.
In der Kartenlegende ist er mit 0 angegeben.

Eine Höhenschichtenkarte könnt ihr selbst entwickeln:

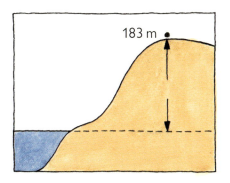

Auf der Karte bedeuten Punkt und Zahl: Diese Erhebung liegt 183 m über dem Meeresspiegel.

1 Modelliert aus Knetmasse oder Ton ein Bergmodell mit unterschiedlichen Hängen und stellt es vorsichtig in eine Glaswanne!

2 Füllt die Wanne mit Wasser! Durch den gleichmäßigen Wasserstand könnt ihr die entstehende Uferlinie am Modell markieren.

3 Erhöht den Wasserstand in der Wanne um das Doppelte, Dreifache …! Markiert jedes Mal die neuen Uferlinien!

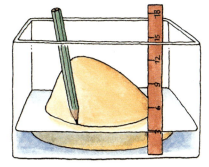

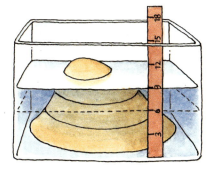

4 Nehmt das Bergmodell aus der Glaswanne heraus! Zerteilt es an den eingeritzten Uferlinien mit einem Messer oder Draht!

5 Legt die einzelnen Höhenschichten nacheinander auf einen Karton! Zeichnet die Umrisse nach! Eine Höhenlinienkarte entsteht.

6 Gestaltet die Flächen farbig! Ihr könnt grüne, gelbe und braune Farbtöne verwenden. Dadurch entsteht eine Höhenschichtenkarte.

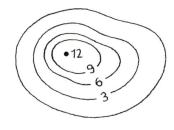

Die einzelnen Höhenschichten

Die Höhenlinienkarte

Die Höhenschichtenkarte

Auf der so entstandenen Höhenschichtenkarte erkennt ihr an der Farbe, wie hoch ein Gebiet liegt.

Landschaften unterscheiden sich

Im Tiefland

Es gibt weiträumige und flache Gebiete, die **Ebenen**. Die Täler sind flach, meist fließt dort ein Bach oder ein Fluss.

Es gibt aber auch **Hügel**, die sich nur wenig über ihre Umgebung erheben. Sie haben meist flache Hänge.

1 *Zeige Höhenschichten auf der Karte!*

Als **Tiefland** bezeichnet man Gebiete mit Höhen unter 200 Meter.

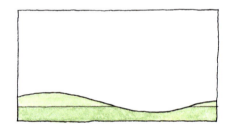

2 *Versuche mit Hilfe der Legende dieser Karte die Höhen einzelner Gebiete festzustellen!*

Diese Höhenschichtenfarbe kennzeichnet in der Karte ein Gebiet von 0 bis 40 m Höhe.

Diese Höhenschichtenfarben kennzeichnen in der Karte hügeliges Gelände von 120 m bis 700 m Höhe.

Legende

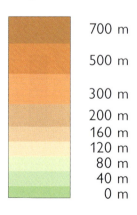

700 m
500 m
300 m
200 m
160 m
120 m
80 m
40 m
0 m

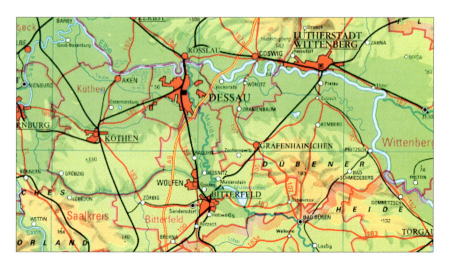

Im Mittelgebirge

Gebiete mit Höhen zwischen 200 und 1500 Meter bilden das **Mittelgebirgsland**. Sie weisen oft abgerundete Formen aus.

Die **Berge** ragen aus ihrer Umgebung heraus.
Sie können über 1000 m hoch sein.
Die Berghänge sind oft sehr steil.

Die **Täler** der Mittelgebirge sind in die Landschaft tief eingeschnitten.
Die Hänge sind meist steil.

Landschaften unterscheiden sich durch ihre Oberfläche, durch das Vorkommen von Gewässern und die unterschiedliche Bodenbedeckung mit Pflanzen.

3 *Beschreibe Landschaften in der Umgebung deines Heimatortes!*

4 *Die Menschen verändern ständig die Landschaft. Erzähle davon! Denke auch an deinen Heimatkreis!*

93

In der Natur

Das Jahr des Storches

1 *Erzähle, wie der Storch das Jahr erlebt! Warum verbringt er den Winter im Süden?*

2 *Tiere und Pflanzen verändern sich im Jahresverlauf. Lies darüber in Sachbüchern nach und berichte dann!*

3 *Erforscht das Jahr eines Baumes! Fotografiert möglichst am Anfang jedes Monats den gleichen Baum! Erzählt zu den Bildern über Veränderungen in der Natur.*

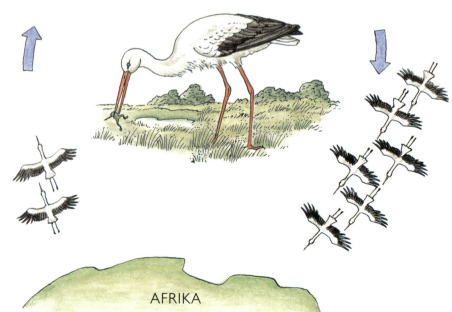

AFRIKA

94

Der Kreislauf des Wassers

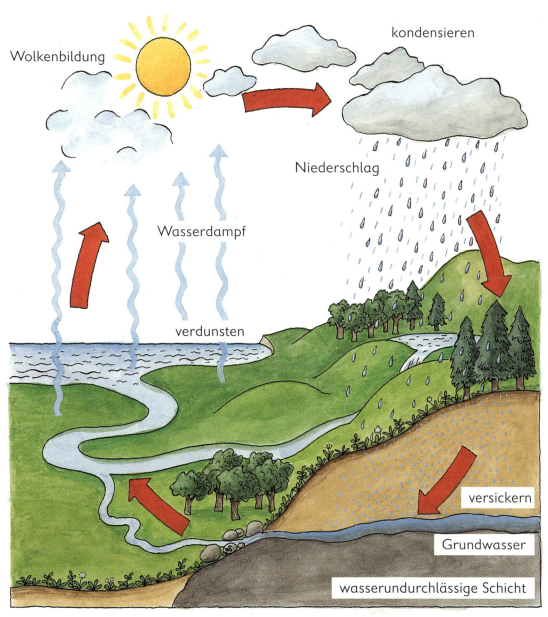

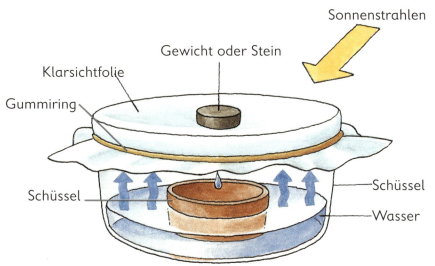

1 Beschreibe den Kreislauf des Wassers mit Hilfe der Begriffe in der Zeichnung!

2 So könnt ihr selbst einen Wasserkreislauf erzeugen! Was beobachtet ihr? Begründet!

Woher unser Brot kommt

1 Welches Brot isst du am liebsten?

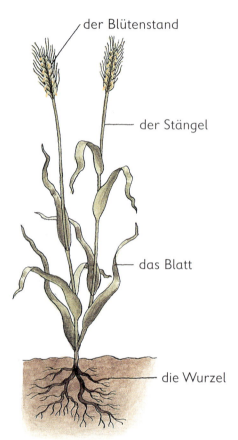

- der Blütenstand
- der Stängel
- das Blatt
- die Wurzel

Frisch gebackenes Brot – es ist weich, noch warm und duftet. Die zahlreichen Sorten sind aus unterschiedlichem Mehl gebacken, auch mit Schrot oder Körnern. Mehl, Schrot und Körner werden aus Getreide gewonnen.
Schon vor vielen tausend Jahren erkannten unsere Vorfahren, dass die Körner einiger Gräser essbar sind.
Sie wählten besonders kräftige Pflanzen aus und bauten sie immer wieder an. Allmählich entwickelten sich unsere Getreidearten: Weizen, Roggen, Gerste, Hafer und Mais.

2 Erkundet, welches Getreide in der Nähe eures Heimatortes angebaut wird!

3 Vergleiche die Fruchtstände auf den Abbildungen! Was ist gleich, was unterschiedlich?

4 Findet heraus, aus welchem Getreide Brot, Brötchen, Kuchen, Grieß, Haferflocken und Nudeln hergestellt sind!

Roggen

Weizen

Hafer

Gerste

Mais

Im Herbst und im zeitigen Frühjahr säen die Bauern Getreide aus. Die kleinen Pflanzen wachsen heran und blühen etwa Ende Mai. Sie werden vom Wind bestäubt. Aus den Fruchtknoten der Blüten können sich dann Körner entwickeln.
Im Hochsommer ist das Getreide reif und wird mit Mähdreschern geerntet. Lastkraftwagen bringen die Körner in große moderne Mühlen, wo sie gemahlen werden. Aus den Körnern entstehen Mehl oder Schrot. Schalen und Keime, die dabei abfallen, werden als Kleie bezeichnet. Diese Kleie ist ein gutes Viehfutter.

5 *Zeichne:*
„Der Weg vom Getreide zum Brot".
Wen könntest du fragen?

Es gibt viele Rezepte, nach denen ihr Brot backen könnt.

Ein Rezept zum Ausprobieren
Ihr braucht dazu:
1 kg Mehl,
2 Tassen warmes Wasser,
20 g Salz, 15 g Hefe,
1 Schüssel, 1 Löffel,
1 feuchtes Küchentuch,
1 Kuchenblech und Backfolie.

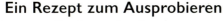

So geht ihr vor:
- Mehl und Salz in der Schüssel mischen, Hefe hineinbröckeln
- unter Rühren warmes Wasser zugeben und kneten
- auf dem Tisch 1 Minute weiterkneten, bis der Teig glatt ist
- Teig in der Schüssel mit feuchtem Tuch zudecken
- 3 bis 4 Stunden an einen warmen Ort stellen, dann durchkneten
- Brot formen und auf ein Blech mit Backfolie legen
- 20 Minuten „gehen lassen", mit Wasser bestreichen
- im vorgewärmten Backofen bei 200 °C backen (Backzeit 45 Minuten)

6 *Brot wird oft weggeworfen.*
Was meinst du dazu?

Pflanzen und Tiere im Getreidefeld

Inmitten des Getreidefeldes leben viele Wildpflanzen und Wildtiere.

Klatsch-Mohn

Kornblume

Echte Kamille

1 *Welche Pflanzen und Tiere auf dem Feld kennst du noch?*

Die Kornblume ist eine ständige Begleiterin des Getreides. Sie keimt im Herbst. Die Blätter breiten sich rund um den Keim aus. Wenn im Frühjahr der Roggen hoch wächst, drängt sie mit ihren langen Stängeln und den sperrigen Verzweigungen die Getreidepflanze beiseite.
Ihre leuchtend blauen Blüten locken viele Insekten an.
Für den Bauern sind die farbenprächtigen Wildpflanzen lästiges Unkraut.
Spaziergänger aber pflücken gern einen Feldblumenstrauß.

Nicht alles, was im Feld geschieht, kannst du sehen.
Wenn du genau hinhörst, ahnst du vielleicht, wo gerade eine Feldmaus huscht oder die Feldlerche ihr Nest gebaut hat.
Die Tiere finden auf dem Feld reichlich Nahrung.
Und der Mäusebussard?

2 *Erzähle oder schreibe über das Zusammenleben der Tiere und Pflanzen auf dem Feld!*

Rebhuhn

Feldmaus

Mäusebussard

Haustiere auf dem Lande

Tilos Familie besucht einen Bauernhof. Neugierig schauen sich die Kinder auf dem Hof und in den Ställen um.

Das Schwein wirft viele Ferkel.

Die Ente brütet Küken aus.

1 *Betrachte die Bilder! Fehlt hier nicht ein Familienmitglied? Informiere dich, wie die männlichen Tiere genannt werden!*

Das Schaf hat Lämmer.

Die Stute hat ein Fohlen.

Ein Fohlen wird geboren

Tilo und seine Geschwister dürfen bei der Geburt eines Fohlens zusehen.
Die Stute wird unruhig, sie legt sich mehrmals hin und steht wieder auf. Schließlich bleibt sie stöhnend liegen. Und nun dauert es gar nicht lange und es erscheinen die Vorderbeine und der Kopf des Fohlens.
Nach mehrmaligem Pressen ist das Fohlen geboren.

Kurze Zeit bleiben Mutter und Kind liegen und wiehern sich leise zu. Dann aber stehen beide auf. Die Stute beleckt ihr Fohlen, damit es ihren Geruch annimmt, an dem sie es später wieder erkennt. Wacklig steht das Fohlen auf seinen langen Beinen und sucht nach dem Euter der Mutter.

2 *Nenne weitere Haustiere! Beschreibe ein Haustier so, dass die anderen Kinder es erraten können!*

3 *Erzähle deine Erlebnisse vom letzten Besuch auf dem Lande! Du kannst auch eine Bildgeschichte malen.*

Das Rind

1 Erkunde: Wie viel Liter Milch gibt eine Kuh am Tag? Werden die Kälber gesäugt?

2 Wusstest du schon: Kühe sollen mehr Milch geben, wenn sie Musik hören.

3 Wie heißen Haustiere, die lebende Junge zur Welt bringen und sie säugen? Nenne Beispiele!

Rinder fressen Pflanzen. Auf der Weide rupfen sie Gräser und Kräuter ab. Im Stall bekommen sie Klee, Rübenblätter, Heu und Schrot. Das Futter muss richtig gemischt sein, damit die Tiere gesund bleiben und viel Milch geben.
Die Ställe werden regelmäßig gelüftet und stets sauber gehalten.
Auf dem Bauernhof gibt es eine Milchküche. Dort stehen Milchkannen für die Molkerei bereit. In der Ecke entdecken die Kinder ein altes Butterfass. Darin wurde früher aus Milch Butter hergestellt.

So nutzen die Menschen das Rind

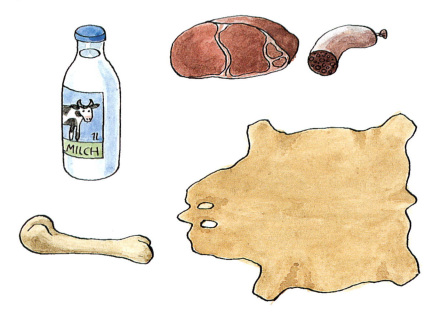

4 Was kannst du ergänzen?

5 Gestaltet dazu eine Informationstafel!

Das Haushuhn

Haushuhn

Küken

1 *Überlege: Welchen Nutzen bringt das Haushuhn dem Menschen!*

2 *Erkundet einmal, in welchen Lebensmitteln Ei enthalten ist!*

Bauer Weidemann hält seine Hühner in sauberen Ställen. Die Tiere haben einen großen Auslauf. Einige Kinder beobachten, wie die Hühner im Freien mit ihren bekrallten Zehen nach Würmern, Samen und allerlei Kleingetier scharren. Andere Kinder schauen den Hühnern beim Trinken zu. „Wir füttern die Hühner mit Getreidekörnern, Rüben und gekochten Kartoffeln", sagt der Bauer. „Unsere Hennen legen etwa 200 bis 300 Eier im Jahr."

Freilandhaltung

Käfighaltung

3 *Untersucht ein Hühnerei! Welche Aufgaben haben die bezeichneten Teile?*

Nur wenn Eier der Henne von Samenfäden des Hahnes befruchtet werden, können sich Küken entwickeln.
Eine Glucke, so heißt die brutbereite Henne, brütet 21 Tage. Dann hacken die Küken mit ihrem Schnabel die Eischale ringsherum an. Anfangs noch matt, machen sie die ersten Stehversuche. Wenn die Küken trocken sind, verlassen sie ihr Nest und laufen der Glucke hinterher. Sie ruft die Kleinen mit „Gluck, gluck" und zeigt ihnen, wie man Nahrung findet. Bei Gefahr suchen die Küken Schutz im Gefieder der Glucke. Heute werden die Eier meist in Brutapparaten ausgebrütet.

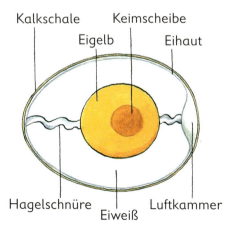

Gartenmosaik

Einen Blumengarten anlegen

1 😊 *Erkundet oder lest nach:*
- *welche ein- und zweijährigen Pflanzen ihr im Garten findet,*
- *welche Tiere hier leben!*

Säst du Samen von Sonnenblumen oder Rittersporn im Frühling aus, blühen sie schon im Sommer.

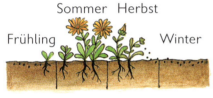

Einjährige Pflanzen

Zweijährige Pflanzen

Samen der Bart-Nelke säst du im Mai oder Juni aus. Nach dem Umpflanzen im Herbst blüht sie im nächsten Frühling. Stauden, wie die Akelei, wachsen und blühen viele Jahre.

Ein Kräutergarten im Zimmer

2 *Beobachte die Wurzeln! Notiere täglich, was geschieht!*

3 *Erfinde ein Rezept: Gemüsesalat mit Kräutern!*

Du legst Wurzeln von Petersilie, Sellerie und Rettich in einen Teller, füllst ihn mit Kieselsteinen auf und gießt ab und zu. Die zarten Triebe kannst du zum Würzen verwenden.

Im Obstgarten forschen

Blüten von Apfelbäumen sind innen weiß und außen rosa. Kirschbäume erkennst du im Frühling an ihren weißen Blüten.

4 *Zupfe eine Kirschblüte vorsichtig auseinander! Du brauchst: 1 Kirschblüte, dunkles Papier, 1 Pinzette.*

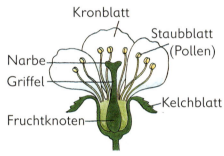

Wie entstehen die Kirschen?

Bienen fliegen von Blüte zu Blüte, um Nektar zu saugen.
Dabei tragen sie Pollen einer Blüte auf die Narbe einer anderen Blüte.
Der Pollen dringt zum Fruchtknoten vor und befruchtet ihn.

5 *Beratet, wie ihr die Teile auf dem Papier anordnet, befestigt und bezeichnet!*

6 *Erst weiß wie Schnee, … Erzähle, wie aus der Blüte eine Frucht wird!*

7 *Vergleiche das Innere einer Kirsche (Steinobst) und eines Apfels (Kernobst)! Ordne beiden Obstarten noch andere Früchte zu!*

Die Früchte wachsen und reifen.

Im Garten an der Schule

Sarah hat einen Plan von ihrem Schulgarten aufgemalt. Ein Rutsche, Beete und Wege sind zu sehen. Die anderen Kinder zeichneten ihre Wünsche mit in den Plan ein.
Alle möchten nun den Plan verwirklichen. Auch die Eltern helfen mit.

8 Beratet, wie ihr euren Schulgarten gestalten würdet, damit ihr euch wohl fühlt! Zeichnet einen Plan!

9 Wollt ihr eine Rabatte anlegen, überlegt vorher:
- wo ihr sie anlegt,
- wie ihr den Boden vorbereitet,
- welche Pflanzen hier gut wachsen,
- wie ihr sie pflegen werdet!

Eine Gruppe legt Gemüsebeete an.
Die Kinder setzen kleine Pflanzen, hacken und jäten die Beete regelmäßig.

Eine andere Gruppe hat Blumen ausgesät.
Täglich schauen die Kinder nach, ob schon Pflänzchen zu sehen sind und gießen sie.

Auf Wiesen und Weiden

Wiesen liegen am Dorfrand, zwischen den Feldern, auf Waldlichtungen, auf Berghängen und an Flüssen. Manche Wiesen werden nach ihrer Lage bezeichnet – als **Auwiesen** in der Nähe eines Flusses, als **Bergwiesen** im Gebirge. Seit langem nutzen Menschen Wiesen als **Weiden.** Rinder, Pferde oder Schafe fressen das frische Gras. Das Gras mancher Wiesen wird ein- bis dreimal im Jahr gemäht und zu Heu getrocknet, um Futtervorräte zu schaffen. Vor Häusern, in Gärten, auf Sportplätzen und in vielen Parkanlagen gibt es **Rasen**, den man ständig mäht und dadurch kurz hält.

1 Wo gibt es in deiner Umgebung eine Wiese? Beschreibe ihre Lage!

2 Erkundige dich, welche Tiere Heu fressen!

3 In den Jahreszeiten verändert sich eine Wiese. Besucht sie alle zwei Monate und schreibt oder malt eure Beobachtungen auf!

Eine Bergwiese

Auf der Weide

Eine Wildblumenwiese

Auf vielen Wiesen kannst du Pflanzen und Tiere entdecken, sie sind ihr Lebensraum.

Wiesenpflanzen

1 *Betrachte die Gräser auf dem Bild! Ordne sie nach Ährengräsern und Rispengräsern!*

2 *Beschreibe eine Ähre und eine Rispe! Welche Unterschiede stellst du fest?*

3 *Sucht auf einer Wiese die abgebildeten Pflanzen! Erfragt ihren Namen oder lest in Pflanzenbüchern nach!*

4 *Rätselhaft: Am Wiesen-Schaumkraut sitzen viele Schaumblasen. Schau sie mit der Lupe an! Was versteckt sich in den Bläschen?*

Auf Wiesen wachsen Wildblumen, Kleearten, andere Kräuter und vor allem Gräser. Die Wildblumen kannst du an den Farben und Formen ihrer Blüten unterscheiden. Bei den Gräsern unterscheidet man Ährengräser und Rispengräser.

Ähre, Rispe

Grasblüte

Aus den Grasblüten hängen an wippenden Fäden Staubbeutel heraus, deren Blütenstaub der Wind weiterträgt. Diese Windbestäubung ist wichtig, damit wieder Samen entstehen. In der Zeit der Grasblüte leiden viele Menschen unter „Heuschnupfen".

Tiere auf der Wiese

1 Sucht auf der Wiese kleine Käfer!
Setzt sie in ein Glas und betrachtet sie kurze Zeit! Wie sehen sie aus?

An heißen Spätsommertagen ertönt auf der Wiese lautes Zirpen. Die Männchen der Laubheuschrecken locken die Weibchen an. Dabei streichen sie mit ihrer linken Flügeldecke über die rechte Flügeldecke hin und her, wie ein Geigenbogen über die Geige. So entstehen die zirpenden Töne.

Laubheuschrecke

Tagpfauenauge

2 Wähle von den abgebildeten Tieren eins aus!
Lies in Sachbüchern nach, wie es lebt! Erzähle davon in der Klasse!

Wühlmaus

Feldlerche

3 Ahmt Stimmen und Geräusche einiger Tiere nach! Erratet sie!

107

Parkanlagen zum Verweilen

1 *Schaut euch im Park um! Welche Laubbäume und Nadelbäume erkennt ihr?*

2 *Beschreibe Blütensträucher, die dir aufgefallen sind! Erkundige dich nach ihren Namen!*

In der Nähe von Lisas Wohnung liegt ein Park. Dort trifft sie sich gern mit Freundinnen. Wege, weite Grünflächen und viele Bänke laden zum Ausruhen, Spazierengehen, Spielen oder Joggen ein.

Verschiedene Laubbäume wachsen dort. Einige erkennt Lisa an ihren Blättern und Blüten. Im Juni erfüllt der Duft von Lindenblüten den Park. Die Früchte der Linde kann Lisa bis weit in den Winter hinein an den Bäumen sehen.

Aber auch Nadelbäume wachsen im Park, zum Beispiel die Eibe. Sie hat flache, dunkelgrüne Nadeln, die nicht stechen. Im Herbst reifen die kleinen roten Früchte. Ihr Fruchtfleisch wird gern von den Vögeln gefressen. Die Nadeln und Samen aber sind giftig.

Rhododendron

Früchte der Linde

Früchte der Eibe

Zwischen den Zweigen der Bäume und Sträucher oder auf dem Boden bauen viele Vögel ihre Nester. Hier ziehen sie im Schutze des Blätterdaches ihre Jungen auf. Vögel kann man oft an ihrem Gesang erkennen. Lisa hört den Ruf der Amsel schon sehr gut heraus.

3 *Welchen Vogel erkennst du an seiner Stimme?*

Amsel

Buchfink

Buchfinken sind nicht ganz so groß wie Amseln. Männchen und Weibchen sind verschieden gefärbt, tragen aber gemeinsam eine schwarz-weiße Flügelzeichnung. Buchfinken, vor allem die Männchen, und Amseln verbringen den Winter hier. In dieser Zeit kann Lisa sie an den Futterhäuschen im Park gut beobachten. Buchfinken sind wenig scheu. Sie lassen sich gern füttern. Manchmal holen sie sich sogar das Futter aus der Hand. Auch Wildkaninchen sehen die Kinder über die Rasenflächen huschen. Die Wildkaninchen graben verzweigte Erdbaue, in denen sie Schutz suchen und ihre Jungen aufziehen. Sie fressen Gräser, Klee und andere Kräuter. Im Winter nagen sie Rinde von den Bäumen ab.

4 *Buchfinken und Eichhörnchen lassen sich gern füttern. Was musst du tun, um ihr Vertrauen zu gewinnen?*

Eichhörnchen

Wildkaninchen

5 *Was ihr erfragen oder in Tierbüchern nachlesen könnt:*
- *ob ihr ein zutrauliches Tier berühren dürft,*
- *was jungen Bäumen geschieht, wenn Wildkaninchen deren Rinde abnagen,*
- *warum Parkanlagen oft „Grüne Lungen" genannt werden.*

Die Natur schützen

Viele Pflanzen und Tiere stehen heute unter Naturschutz, weil ihre Lebensräume im Laufe vieler Jahrzehnte zerstört wurden.

1 *Sammelt Bilder von geschützten Tieren! Informiert euch über einige dieser Tiere genauer!*

Wichtig!
Naturschützer achten darauf, dass die Lebensräume geschützter Tiere nicht betreten oder gar zerstört werden.

Eines dieser geschützten Tiere ist der Fischotter.
Er lebt an Gewässern mit bewaldeten Ufern. Dort legt er unterirdische Uferbauten an, deren Zugänge sich unter dem Wasserspiegel befinden. Er ist ein geschickter Schwimmer und Taucher.
Am liebsten frisst er Fische. Geschickt treibt er sie durch Plätschern ans Ufer und ergreift sie dort mit seinen Zähnen.

Märzbecher

2 *Nenne geschützte Pflanzen! Wo wachsen sie?*

Wiesen-Primel

Gemeiner Frauenschuh

In Deutschland gibt es seit langer Zeit ein Gesetz, in dem genau beschrieben ist, welche Lebensräume geschützt werden sollen, damit dort Pflanzen und Tiere ungestört leben können.
Diese Schutzgebiete werden durch Symbole gekennzeichnet.

3 *Kennst du noch andere Zeichen? Wo hast du sie gesehen?*

Naturpark Drömling

Kinder aus der 3. Klasse diskutieren, was sie unter Naturschutz verstehen:

4 *Fertigt einen Plan von der Umgebung eures Heimatortes an und tragt ein, wo es Schutzgebiete gibt!*

5 *Äußert euch zu den Meinungen der Kinder!*

111

Quellennachweis:

S. 13: Bydlinski, Georg: Wann Freunde wichtig sind. In: Der Mond heißt heute Michel.
Wien/Freiburg/Basel: Verlag Herder 1981.
S. 19: Manz, Hans: Wunder des Alltags. In: Das achte Weltwunder. Fünftes Jahrbuch der Kinderliteratur.
Hrsg. von H. J. Gelberg. Weinheim/Basel: Beltz und Gelberg Verlag 1979. S. 31.
S. 24: Sage. Volksgut.
S. 30: Krüss, James: Wie wohnen die Kinder der Erde? In: Alle Kinder dieser Erde. München: Georg Lentz Verlag 1979.
S. 32: Brežan, Jurij: Geschichten vom Wasser. Berlin: Verlag Neues Leben 1986. S. 15.
S. 53: Gerhart Schöne: Für meine Freundin Jule. Lied der Zeit GmbH Musikverlag und Bühnenvertrieb Berlin 1983.

Bildnachweis:

Archiv für Kunst und Geschichte GmbH Berlin, Bild-Nr. L21-D1-1934 (27 l. oben); Bierbaß, Arthur (24 oben); Bildstelle der Berliner Feuerwehr, mit frdl. Genehmigung (37 Mitte); Blümel, Hans (94 oben, 98 l. unten, r. unten, 100, 107 Mitte l. u. r., 109 l. oben, r. oben, 110 Mitte r.); Boldt, Hans-Joachim (92 r. oben); Bundesarchiv Koblenz / BER-414KB-8 (93 unten)/ Beil (48 l. oben) / Ihde (48 l. unten)/Kaspar (49 unten)/Quaschinski (48 Mitte, r. oben)/Seidel (27 r.) /Thieme (93 Mitte)/Schindler (101 r. oben); CMA-Fotoservice Bonn/Bad Godesberg Archiv-Nr. MBk 30/4b/80c, Mbk 30/14d/80c (62 l., r.); Demme, Dieter (57); Deutsche Bahn AG (21 unten, 46, 47 oben); dpa Frankfurt/epa (68 oben/Fotoreport-DB (68 unten)/Koch (42 unten)/Link, Hubert (50 unten)/Rehder (50 oben)/Scheidemann (50 l.)/Hollemann, Holger (50 r.)/Matheisl (101 l. unten)/Schnoerrer (101 r. unten) Schulte (105 l. unten); Engler, Stefan (16 l. unten); Fiedler, Werner (82 unten); „Foto Lennarty Nilsson/Bonnier Alba AB, SO KAMST DU AUF DIE WELT, Mosaik Verlag" Stockholm (8); Fischer, Klaus (22 l., 23 l. oben, 28 oben, 37 oben, 38, 39 l. oben, 43 r., 58, 66, 69, 71 r., 78 r. oben, 81 l. oben, 88, 92 l. oben, 96 r. unten, 104 oben, 105 oben, 108 oben, l. unten); Fischer, Rainer (22 r., 23 Mitte oben, 35 r. oben, r. unten, 36, 47 unten, 71 l., 78 r. unten, l. oben, 93 oben, Mitte); Golz, Helga (5 oben, 6, 9, 10, 12, 17, 18, 19, 20, 26 l. unten, 28 r. unten, 29 r. 30, 39 r. oben, l. unten, 41, 43 l., 44, 48 r. unten, 49 oben, 51 l., Mitte, 54, 55, 76);
Haus der Geschichte der Bundesrepublik Deutschland Bonn (14); Handel, Alfred (108 Mitte unten); Heinrich, Dorothea (51 r., 96 oben, 97 oben, 102 Mitte/r. unten, 103 l. oben, unten, 104 unten); Hoffmann, Gerhard (105 Mitte unten); Hoyer, Erich (98 r. unten 107 r. unten , 110 oben); Hoyer/Wernicke (109 l. unten) IMA Hannover (62 Mitte); Institut für wissenschaftliche Fotografie Manfred Karge Lauterstein (42 l. oben, 82 r. oben); Krause, Friedrich (24 unten, 25 l.); Lasdin, Bernd (78 l. unten); Lange, Harald (109 l. unten 110 r. unten); Leimbach, Rolf (77, 81 r. oben, unten, 82 Mitte unten, 83, 86, 87); Ludwig Preiß Industrie- und Pressebilddienst GmbH (35 l. oben); Machmüller, Detlef (37 unten); MAURITIUS, Nill (32 l., 99 l. oben); privat (5 l. unten); RIA „Nowosti" (16 l. oben, r. oben); Naturparkverwaltung Drömling (111 oben); Rieß, Joachim (10, Zeichnung Briefmarken); Ritter, Lothar (42 r. oben); RWE Essen (35 unten Mitte); Schwarzer, Kurt (23 unten); Schweizerisches Papiermuseum & Museum für Schrift und Druck Basel (39 r. unten); Siemens Solar GmbH/ENERGIEBISS GmbH SYS 0192/02 (35 l. unten); Spielzeugmuseum Sonneberg (26 r. unten); Stadtarchiv Erfurt (21 oben, Mitte); Stadtmuseum Berlin, Landesmuseum für Kultur und Geschichte Berlins, Dettmers, Th./Knoll, W. Wasserwerk Förderanlage Stralauer Tor, Farblithographie auf Papier/Memhard, Grundriss Berlin und Cölln/Foto: Bartsch, Hans-Joachim (25, 89); Superbild/Bach, Eric (49 r. Mitte)/Ducke, Bernd (28 l. unten)/IFA-Kat. 32 r.)/; Theuerkauf, Horst (98 oben, Mitte unten, 99 r. oben, unten, 101 l. oben, 105 r. unten, 108 r. unten, 110 l. unten); Volkswagen Fotoservice Archiv-Nr. C 9415148 (49 l. Mitte); Volk und Wissen Verlag GmbH (16 r. unten, 80, 82 l. unten, 92 Kartenausschnitt, 96 Mitte, unten); Werkbund-Archiv, Museum der Alltagskultur des 20. Jahrhunderts Berlin (26 l. oben, l. unten, Mitte); ZEFA-Rainman, Hamburg (82 l. oben); Zentralverband des Deutschen Baugewerbes (29 l.)

Lösungen

S. 28/29: Berufe auf den Abbildungen (Dachdecker, Zimmerer, Elektriker, Fliesenleger), weitere Berufe zu den Werkzeugen (Maurer, Maler, Klempner, Trockenbauer, Installateur, Schlosser),
S. 34: Tipps zum sorgsamen Umgang mit Wasser: tropfenden Wasserhahn reparieren, Zähne nicht bei fließendem Wasser putzen, duschen statt baden, nicht so viel Badezusatz nehmen, keine Speisereste und
anderes in die Toilette gießen, wenig Geschirrspülmittel nutzen, zum Rasensprengen Wasser aus der Regentonne nehmen ...
S. 36: Achtung Lebensgefahr! Vor dem Herausnehmen der Wäsche Netzstecker ziehen! Nicht mit feuchten Händen an Steckdose und Fön fassen! Keine Geräte mit defektem Kabel nutzen! Das Radio gehört nicht
auf den Badewannenrand!
S. 42: Ein Tropfen fällt in Milch, das läuft sehr schnell ab. Es ist der Rüssel eines Schmetterlings, er ist sehr klein. Beides ist mit bloßem Auge kaum wahrnehmbar und deshalb unter dem Elektronenmikroskop fotografiert. In China fahren sehr viele Menschen mit dem Fahrrad, das ist Alltag.
S. 77: Die Eisheiligen, der Siebenschläfer, der Altweibersommer, die Schafskälte.